双子育児、ちょっぴり詰んでます!

いよかん

KADOKAWA

目次

第1章「毎日仲良し！かぼすだち」

第2章「てんやわんや！双子育児」

第3章「すくすく成長！かぼすだち」

第4章 「ようこそかぼすだち！妊娠＆出産編」

第1章

「毎日仲良し！かぼすだち」

かんきつ家の人々

はじめまして
双子の母のいよかんと申します
こちらは2歳の一卵性双生児のかぼすとすだち
2本指をしゃぶる姉・かぼす
親指をしゃぶる妹・すだち
大人しい性格のすだちと
てと!?
たたたたたたたた
てと!?
てててててて!?
…
TV
とにかくよく喋るかぼす
美味しいものを食べたときのかぼすは
ぱくっ
…これぇ!
おいし!!
これぇ!!
おいし!!
おいし!!
ありがとう
わかったわかった
めちゃめちゃ美味しさを伝えてくれます
一方すだちは…
ぱくっ
!
DANCING
おいしぃ…
ウィスパー…!!
よかった…
双子だけど対照的な性格の二人

夫・ぶんたんの性格はというと
運動大好き・陽キャ☆
ボール遊びしよう!
キャー!!
数分後
ワー
ワー
また知らない子供達と遊んでいる…!!
さすが陽キャ!!!
性格が夫に似たかぼすも
ワー
また子供達の群れに紛れて走ってる…
いつのまにかシレッと紛れこむかぼす
あれ?ちっちゃい子混ざってる
ほんとだ
レロレロレロ
とっておきの変顔でコミュニケーションをとる陽キャ・かぼす
バリエーションはこれのみ
おもしろいね
一緒にあそぼ!
レロレロ
神対応
なにしてあそぶー?
おままごと?おにごっこ?
…
…

ダッ
え!!
まだ会話が通じないので変顔するだけして去っていくかぼす
もどかしい…
でもかぼすは度胸があるよね
度胸あるのはいいことだよ!
将来リーダーシップがとれて人から頼られる人間になってほしい
そうだね…
なれるだろうか…
レロレロレロ〜
一方夫と違いインドアで一人で黙々と作業するのが好きな私
おうちが一番♪
…
コレとー
コレとー
コレとー
すだちにはシンパシーを感じます
黙々
しんけん
でもすだちはただ大人しいだけでなく
ベビーカーあるからこっちのスロープ通ろうね
ベビーカーを押してくれるすだち

あ！かぼすこっちおいで！
スタタ―
かぼしゅにゃにゃにゃいのー!!!
怒るときいつもこう言う
相方を叱ってくれるしっかり者でもある
二人で遊んでいる時は…
だっこだっこ
かぼすがすだちに抱っこを要求している
また無茶ブリを…
すだちどうするんだろう…
じっ
だっこ!!
Hug!!
ぎゅっ
キャー
なんかよくわからないけどかわ…♡
キャイ
キャイ
性格は違えどとっても仲良しな2人
そんなにぎやかな双子育児の日常を
ゆるりとお届けします♪

一人っ子から見た双子

現在は双子の母になった私ですが
すだち2歳
かぼす2歳
私自身は一人っ子で育ちました
スーパーくせ毛ガール
いよかん5歳
相棒の「ねずパンダ」
ねずみ色にうす汚れたパンダ
家では常に一人遊びがマスト
おえかき
お人形遊び♪
一人ボール遊び
バッ
1人でボールを投げて1人でボールを取りに行く
物静かな食卓の家庭で
黙々
母
米の量が多い我が家
もぐもぐ
父
兄弟がいるのってどんな感覚なんだろう
バイバーイ!!
とよく思っていました
ましてや双子なんて…
あコラかぼす
すだちのものを勝手にうばいとるかぼす（交換になってない）
こーかんしよー
バッ
最初はお互い全く認識していなかったかぼすだちですが（二人合わせてかぼすだち）
かぼすの頭をおっぱいと勘違いし吸いつくすだち
チュッチュッチュッチュッ
ぽへ
生後半年以降はお互いをだんだん意識するように…
わああ

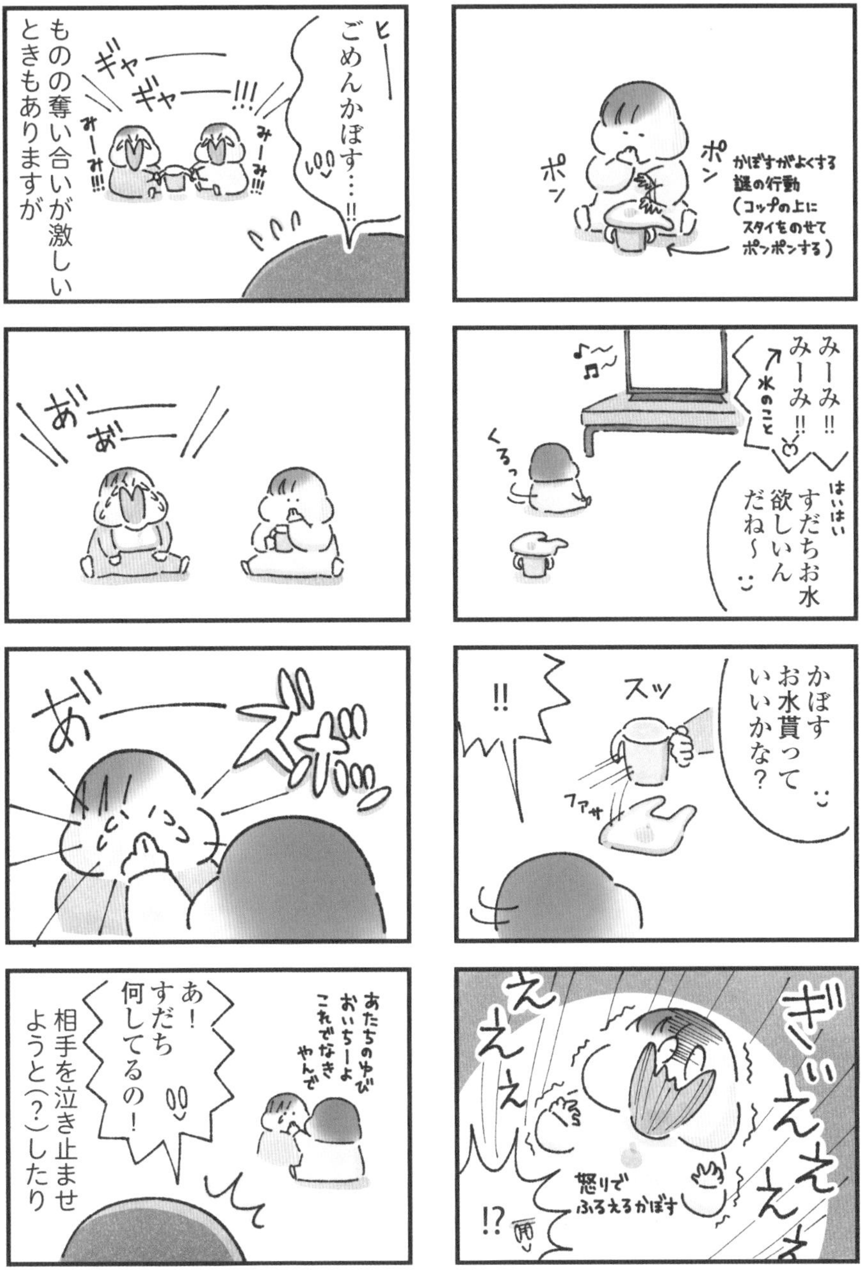
ポン
ポン
かぼすがよくする謎の行動（コップの上にスタイをのせてポンポンする）
♪～ ♫～
みーみ!! みーみ!!
水のこと
くるっ
はいはい
すだちお水欲しいんだね～
!!
スッ
かぼすお水貰っていいかな？
ファサ
ぎいええええ
えええ
怒りでふるえるかぼす
!?
ヒー
ごめんかぼす…!!
ギャーー
ギャーー!!!
みーみ!!!
みーみ!!!
ものの奪い合いが激しいときもありますが
あ゛ーー
あ゛ーー
あーー
ズボッ
あたちのゆび おいちーよ これでなき やんで
あ！すだち何してるの！
相手を泣き止ませようと(?)したり

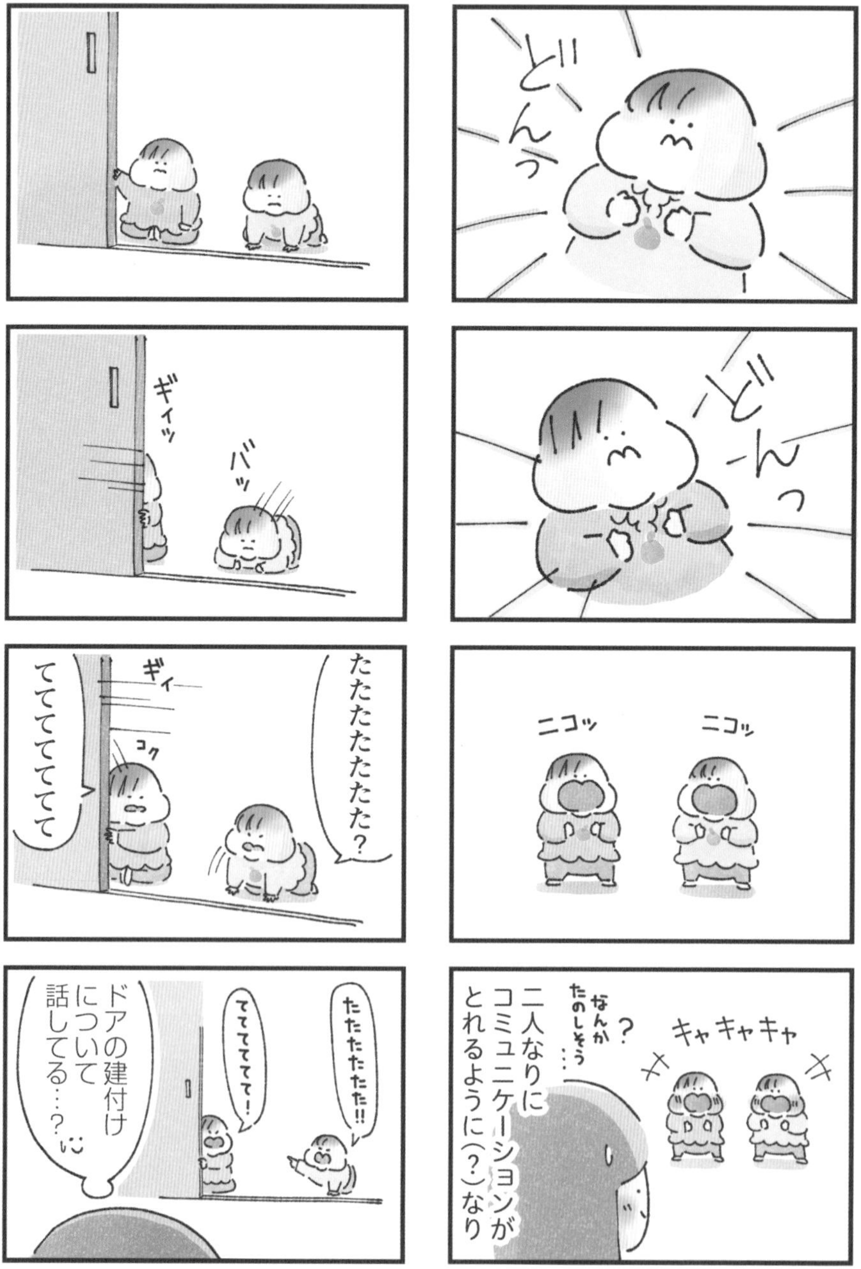
どんっ
どんっ
ニコッ
ニコッ
キャキャキャ
なんかたのしそう…?
二人なりにコミュニケーションがとれるように(?)なり
ギィッ
バッ
ギィー
コク
たたたたたたた?
ててててててて
たたたたたた!!
てててててて!
ドアの建付けについて話してる…?

まてー
おいかけっこ中
キャ〜!!!
すーー！
すーー！
（すだち！すだち！）
だだだ
なぜか同時のかけ声で一斉に隠れる二人
はい!!
ササッ
ササッ
息をころす二人
頭丸見え…♡
二人で助け合って遊んだり
毛布の中に潜り込んだ二人
もぞ
もぞ
もぞ
……
もぞ
あは──♡
ピタ…
毛布の中で出会えた二人
双子って…
あはははははは
バッ
24時間毎日がめっっちゃ楽しそうだな…
うらやましいなあ♡と思うのでした

双子の食事情

我が家は生後5ヶ月から離乳食を開始しました
いろいろ買い揃えました
ベビーチェア
食器
ハンドブレンダー
お食事スタイ
初めは…
ひぇぇぇぇ
べちゃー
ポーイ
二人同時とかカオスになりそう…
と不安でしたが
離乳食をスタートして…
おぉ…!!!
ガー
秒で10倍がゆ作れる…!
さぁいただきまーす
あー
ぱくっ
ぱくっ
もぐもぐ
もぐもぐ
ぱくっ
ぱくっ
もぐもぐ
サッ
サッ
なんかテンポよくあげれるな…
しかし3回食になる頃には…
そろそろ離乳食の時間だ

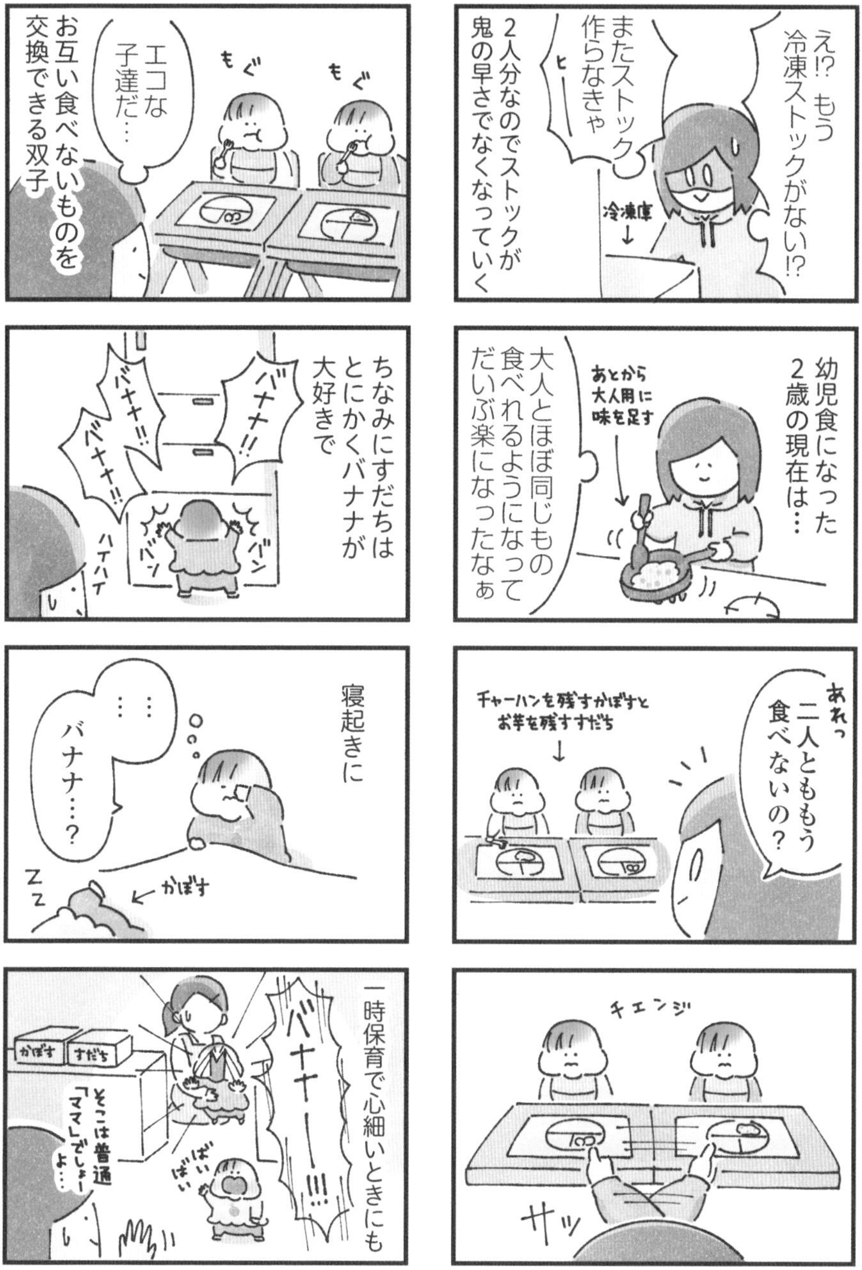

え!? もう冷凍ストックがない!?
冷凍庫
ヒー
またストック作らなきゃ
2人分なのでストックが鬼の早さでなくなっていく
幼児食になった2歳の現在は…
あとから大人用に味を足す
大人とほぼ同じもの食べれるようになってだいぶ楽になったなぁ
あれっ 二人とももう食べないの?
チャーハンを残すかぼすとお芋を残すすだち
チエンジ
サッ
もぐ
もぐ
エコな子達だ…
お互い食べないものを交換できる双子
ちなみにすだちはとにかくバナナが大好きで
バナナ!!
バナナ!! バナナ!!
バン バン
ハイハイ
寝起きに
… …
バナナ…?
かぼす
一時保育で心細いときにも
バナナー!!!
かぼす
すだち
ばいばい
そこは普通「ママ」でしょーよ…

お昼寝から起きて
手に持っていた
おにぎりを見ても
ん? バナナ…?
zzz…
仕事から帰ってきた
パパを見ても
バナナ!!
パパだよ
バナナで頭がいっぱい
のすだち
バナナ! バナナ!
ハッ
もうバナナが
ない…!
ごめん
すだち
バナナもう
ないんだよ
バナナ…??
ほら
わかった?
…うん…
野菜室
カラッ
こんな顔のすだち
見たことない…
…
すごく辛そうな
顔をしながら
納得してくれるすだち
出かけてくるよ
あ!
帰りスーパーで
あれ買って
きてくれるかな
なに?
黄色い…細長い…
オーケー!
ヒソ…
ついにはすだちの前では
禁止用語にまでなった
バナナ
反応してしまうので

かぼすはというと
とにかく食い意地が
張っていて
さぁ
ご飯だよー
座ろうね
ばめ!!
(ダメ!!)
じっ
こっち!
どっちもほぼ一緒だけど…
若干量が多そうな
お皿の前に座るかぼす
それぞれ食に対する
こだわりがある
二人ですが
じっ
すだちバナナ
最後の一口だね
コレおいちーから
あげるわ
あーーん
ぱくっ
!!
お口キレイにせんと
フキフキ
さっ
今日も仲良く
食事しています
あたちのも
あげるわ
あーん
ポイッ
ティッシュ

おすそわけ

かぼすだちの大好きなパンだよー
パンやー♡
はぐはぐ
パンやぁぁあぁぁ
はぐはぐ
え!? すだちパンくれるの!? ありがとー
コレおいちーからいよちゃんにもあげるわ
あーー
あーーん
もぐもぐ
おいしーー
・・・
からっぽ…
ハッ 気にしないでいいんだよかぼす
その気持ちがとってもうれしいよ!!
かぼすにもパンあげよか?
うっうっ
うあ゛あ゛あ゛あ゛あ゛あ゛あ゛
あたちいよちゃんにあげる前に全部食べてもうたあああ

食べる順番

はい朝食だよ~
じっ
アンパンマンポテト
すだち脳内シュミレーション
アンパンマンポテト
おいしい
取っておく
ずっと食べられる
ピーン
あれ?すだちまだポテト食べてないの?
やっぱりアンパンマンポテトはおいしーわ
ペロリ
もぐもぐ
5分後
好きな食べ物は最後まで取っておくすだち
おぉーー!!
なんですだちはまだポテトあるん!?
ひとくちかじった
食べてる量は同じなんだけどね…

おかわり

かぼすだち1歳6ヶ月のとき
食後にお代わりを要求するかぼす
ベー ベー!!!
ご飯まだ食べる？
うん!!
…食べる？
コクッ
うん!!
なんて真っ直ぐな眼差し…！いつものなんでもうんと答えるときとは真剣さが違う…！
ニコニコ
お水いる？
うん
いらない？
うん
すだちにも聞こうご飯まだ食べる？
「うん」と言えと圧をかける（？）かぼす
とん…
食に貪欲なかぼす

離乳食

もぐもぐ期のかぼすだちが好きな離乳食
4位 鰹節入り7倍がゆ
普通の7倍がゆに鰹節を入れたらモリモリ食べてくれるようになりました！
鰹節は塩分が少ないのに栄養満点で離乳食食材に適しているそう☆
3位かぼちゃスープ
つぶしたかぼちゃに牛乳を合わせて牛乳の代わりに豆乳や調乳したミルクでも○
2位コーンスープ
コーン缶＋牛乳のカンタン離乳食!!
コーン缶＋ツナ缶＋野菜だしのスープで作っても好評です☆
1位バナナミルクきな粉
つぶしたバナナ＋牛乳にきな粉をまぶした我が家の不動の人気メニュー！
かぼすだちはペロリと食べちゃいます。

双子のお洋服事情

双子ってなんでいつも
お揃いの服なの？
友人
え？
と聞かれることが
たまにありますが
そらもう
かわいい
からです!!!!
同じ背丈で同じ顔した
子供が二人揃うと
あ
双子ちゃんだ
かわいーー
と思うのに
ただでさえかわいい双子が
同じ服を着ると
そらもう
むっちゃかわいい!!!
まぁせっかく双子だから
かわいいしお揃い
着せてるね
あとコーディネートが楽
そうだよねー
しかし双子の洋服事情も
なかなか大変で
この服めっちゃ
かわいい!!
けど1着しか
置いてないのか…
違うサイズならあるけど…
しゅん…
店によっては
同じデザインで同じサイズ
のものがなかなか置いて
いないところも…
取り寄せしてもらう？
もん
もん
もん
でもまた取りに
来るの面倒だな…
いやでもかわいい…
うーん… うーん…

結局
取り寄せお願いできますか?
在庫があるか確認してお電話しますね!
1週間ほどかかります
はい
しかしこんなときは
お!かわいい
あ!
同じサイズ揃ってる――…!
95cm
95cm
運命だ!これは買い…!
スッ
購入へのハードルが一気に下がります
フリマサイトでも…
お!これかわいい
同じ服が出品されていないか探しまくり
同じ服…
同じサイズ…
同じ…
同じ…
ハッ
いつまで見てるんだ私!?
ZZ
ZZ
子供服沼にどっぷりハマる私
出先ではかぼすだちの写真をたくさん撮ります
カシャカシャ
ハ〜おそろいかわいい♡
いっしょいこー
カシャカシャ
カシャカシャ

かわいい かわいい
キャッ
キャッ
ん⁉
うんち漏れてる！お着替えしなきゃ！
ひえっ
もぁ〜
フー
バラバラの服になってしまった…
いこー
急に激減するシャッター枚数
カシャ…
シュン…
ちなみにこんなときも
髪の毛結んどいたよ〜
おー‼ ありがとー！
結び目も綺麗〜！ ん？
ピンクのヘアゴム
黒のヘアゴム
……
え⁉ なに⁉

いや 全然…全然いいんだけど 同じ色のゴムのが合うかなーって…
せめてっっ… 同系色にっっ……!!
あんま変わんなくない…??
??
なんかごめん…
いや 双子だからといって私がお揃いにこだわりすぎなのか…?
片っぽの服が着れなくなったらもう一着も着なくなる
くつ下を一足なくしたらもう一足もはかせなくなる
悶々としながら
双子サークルの集まりに参加したとき
○○公園
みんなおそろい〜
私だけのこだわりじゃなかった——!!!
誰と誰が双子か一目でわかる…!!
双子コーデは実用性も兼ね備えてる…!
みてこれ〜
kyoryu
kyoryu
わあ♡ かわいいね〜♡
うちの子お揃いの服を見せびらかすの好きで…
もう年長さんなんですけど
おそろいだよー
最高ですね!
かわいい…♡
我が家もかぼすだちが許す限り双子コーデを楽しんでいこうと思います
kyoryu

かぼすだちの美意識

0歳の頃は まだ髪があまり生えて いなかったかぼすだち
つる――ん
あら かわいい 双子ちゃん！ 男の子？
いえ 女の子 です～
お決まりの会話→
ピンクの服を着てても間違われるほど男の子顔
いつも男の子に間違われていましたが
1歳4ケ月頃からは 髪の毛も伸びて だいぶ女の子らしくなり
ちろっ…
念願の2つ結び…!!
二人の美意識（？）も だんだん高くなっていき
お風呂上がり
ワセリン 塗るよ～
わしぇりん!?
ごろ――ん
め くち
はにゃ (鼻)
自分で 塗る箇所の 指示を出し
ちょーらい
はい
むぎゅ
むぎゅ

自分でも念入りに塗りたくり
びろーーん
最後に私の顔にも塗ってくれる
むぎゅ
あまったわせりんぬったげるわほしつしとき
二人は美容系のチラシにも興味津々で
ポストにチラシいっぱい入ってたなー
ひらっ
激安!!
月々¥3,000
目の下のクマ・たるみに!!
じっ
ん?
これぇ!!
これぇ!!!
これぇ!!
んーにゃにゃにゃにゃいの?
なんだかえらい盛り上がってる…!
「これあやしくない…?」と言いたげ
「こんなん探してたのよ!!」と言いたげ
君らには20年早いよ
これぇ〜〜!!
ぴっ
にゃ!?
そして少し目を離すと
しーーーん
……
…なんかやけに静かだな

ファンデーションブラシ
ポンポンポン
コンシーラー（フタはついたまま）
トントントン
くるっ
ポン…
トン…
化粧品にもすでに興味津々です
もう少しで塗り終わるんよ!!
ポンポン
ポンポン
トントン
トントン
…化粧品片付けてもいい？
そして二人はぬいぐるみも大好き
ゴくゴくゴくゴく
ぬいぐるみがVIP待遇を受けている…!!
しゅっしゅっしゅっしゅっ
ごくごくごく
すだちは特に赤ちゃん人形がお気に入りで
朝からずっとミルクを飲ませているすだち
ママ業が板についている…!
ぜんぜんのまんやん
この子は…
しんぱいやわ…
傾けると減って見えるミルクのおもちゃ

ご飯を食べるときも一緒で
あかちゃん
だいじょぶ？だいじょぶ？
赤ちゃん人形の名前は「あかちゃん」
お外に行くときも一緒にベビーカーに乗せて
三つ子みたいだな…
寝るときも一緒
ヒッ
びっくりした…
暗いところで見るとけっこうこわい
赤ちゃん人形のおしりが赤いのを発見すると
ハッ…
いたいね…!!
温度によって色が変わる
怪我にはシールを貼れば治ると思っているすだち
ペたっ…
ちなみにかぼすはすだちほど関心がなく…
ベビーサークル
ぎゅむっ
あわわ
踏んでる踏んでる!!
すだちは本当によくお人形のお世話をしてるよね
うん でもすだちは世話好きすぎて…
将来ヒモ男に引っかからないか心配だ…
気が早い…!!

お化粧

ぬっ
ぬっ
アハッ
ほっこりするひととき
ぎゅう
ぎゅう
アハッ♡
アハッ♡
ただしお化粧は全然進まない

鏡

かぼすは鏡を見ると
じっ
すー！すー！
（すだち！すだち！）
鏡の中にすだちおる!!!
それかぼすだよ
かぼすもすだちとおんなじような顔してるんだよ
蛇口に映り込んだ自分を見ると
ジャー
お手て洗おーね
すー！すー！
（すだち！すだち！）
ぐにょーーん
それかぼすだよ

心配性

かぼすだちはくまちゃんのぬいぐるみがお気に入りです
出産祝いでいただいたペアのぬいぐるみ
コテッ
だいじょーぶ？だいじょーぶ？
だいじょーぶ？
大丈夫だよ
心配性なすだち

催眠術

あかちゃん♡
あかちゃん♡
赤ちゃん人形
ねんねよ
これは……
……
でぃんでぃんどん でぃんでぃんどん でぃんでぃん どん…
ブツブツ
ブツブツ
謎の呪文
催眠術で寝かしつけしようとしてる…

かぼすだちとスタイ

お気に入りのスタイがあるかぼす
お気に入りは干していてもすぐ発見する
ハッ
え？取ってほしいの？
もうスタイ付いてるけど…
たー!!
たー!!
手短いから届かないよかぼす…
取ってあげた
たたた！
「着けて」って？
ズイッ
ご満悦の様子
…たー♡
ほわ～
よかったねぇ
スタイ二重着け
スタイの匂いを嗅ぐのが好きなかぼすだち
スー
はーおちつく♡
これがないとねむれ…ん…
zzz…
かぼすは私の顔にスタイをあてて
バッ
うっ
さらにぐりぐりと押し付け
ぐりぐりぐりぐり
むぐぐ…
私にスタイの匂いをおすすめしてくる
この匂いおちつくやろ？
なっ？おすすめなん!!

ベリベリ
ゆーた!!?
いよちゃん
きーた!?
!?
ブンブンブンブ
← マジックテープでとめるスタイ
その後数回
新鮮な反応を見せてくれたすだち
やっぱりベリベリゆーたよね!?ね!?
!?
ブンブンブンブ
ないの〜
ウロ
ウロ
ないの〜
部屋の中でスタイがどこかへいってしまったとき 物悲しそうにスタイを探すかぼす
ないのー……
ダダダダダ
スタイ
ないの…
察してすぐにスタイを手渡すすだち
タタッ
スッ
パッ
無表情で受け取るかぼす
ありがとうすだち
…い

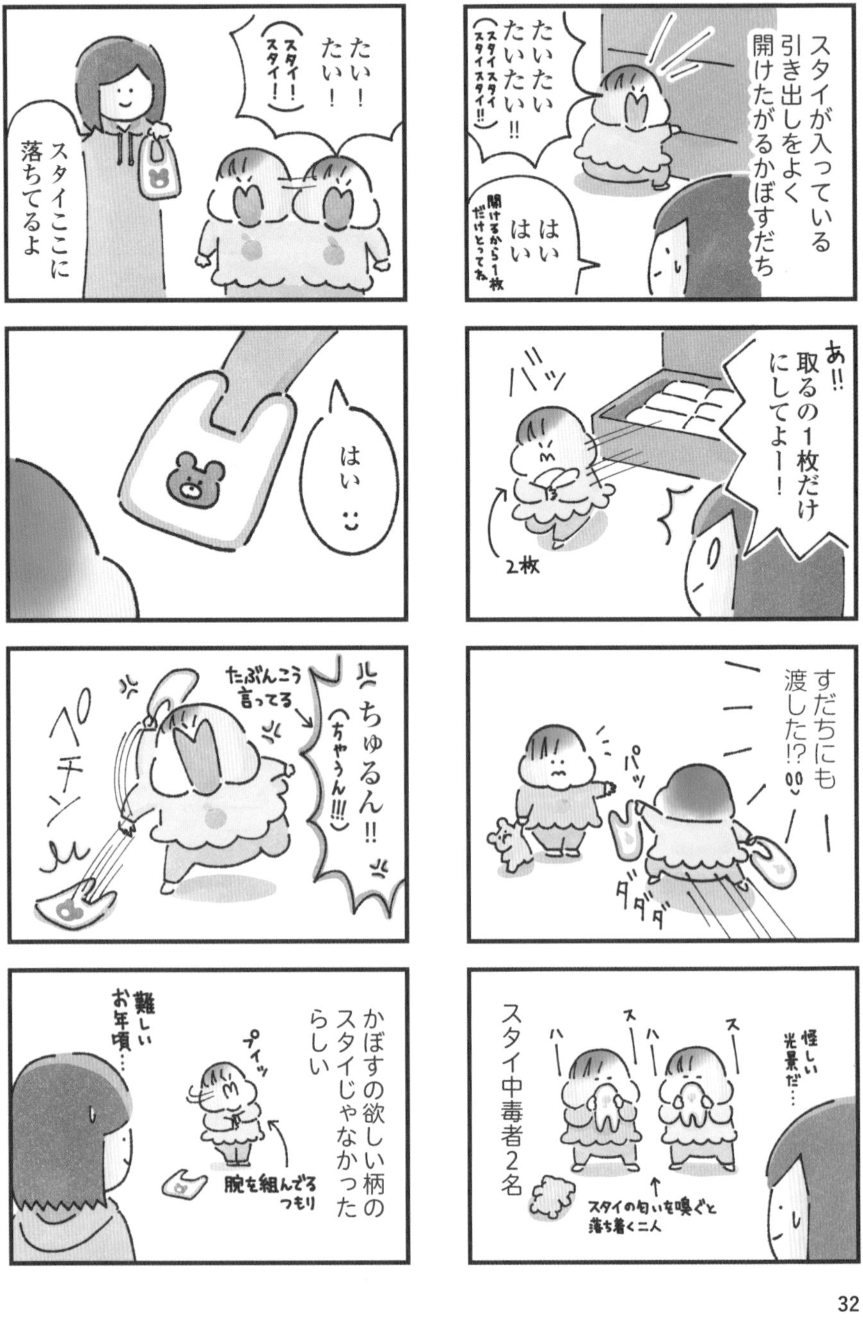
スタイが入っている引き出しをよく開けたがるかぼすだち
たいたい たいたい!!
(スタイスタイ スタイスタイ!!)
はい はい
開けるから1枚だけとってね
バッ
あ!! 取るの1枚だけにしてよー!
2枚
すだちにも渡した!?
パッ
ダダダ
スタイ中毒者2名
スー
ハー
スー
ハー
怪しい光景だ…
スタイの匂いを嗅ぐと落ち着く二人
たい! たい!
(スタイ! スタイ!)
スタイここに落ちてるよ
はい
ちゅるん!!
(ちゃうん!!!)
たぶんこう言ってる
ペチン
かぼすの欲しい柄のスタイじゃなかったらしい
プイッ
腕を組んでるつもり
難しいお年頃…

お昼寝

ゴロゴロゴロゴロ
スポッ
スッ
何回戻してもすだちの懐に収まるかぼす
ゴロゴロゴロゴロ
スポッ

シーツ

防水シーツ
えーと オムツ オムツ…
パッ
かぼすは気付くとシーツに綺麗にくるまっていることがある
そして得意げな顔をする
キリ
巻いたったで!!
なんで?

ガス点検

ガスの点検の人が来た
失礼しまーす
お願いします
…
おじさん あたいらのシマになんの用や
あ〜ん?
なんかメンチ切っとる!!
可愛いですね〜
フフフ
チッ
優しいおじさんでよかった
あ コラ 舌打ちしない

双子のツボ

お互いの顔が近いのがツボに入ったかぼすだち
ケラケラケラ
ケラケラケラ
キャ
キャ
キャ
急に真顔に戻るかぼすだち
スッ…
…………
………
……
たぁ〜♡??
楽しそうだな
ケラケラケラ
ケラケラケラ
キャ
キャ

抱っこ

かぼすだち1歳6ヶ月のとき
かっこしょか？
かっこしょか？
かっこしょか？
（抱っこしようか？）
すだちが「抱っこしようか？」と聞いてくれるので
私のまねをして↓抱っこしようか！
かっこ――!!
かっこお願いします
ぎゅっ
お安いご用やで
抱っこしてもらう

拍手

生後9ヶ月になって拍手ができるようになったかぼすだち
すごいよかぼすだち
パチパチパチパチ
ペチ…ペチ…
ペチペチ…
朝
かぼすだちもう起きてる…
zz…
もぞもぞ
もぞ
ガバッ
起きるか
拍手が沸き起こった
ありがとう
あ…
ペチペチペチ
ペチペチペチ

ドールバギー

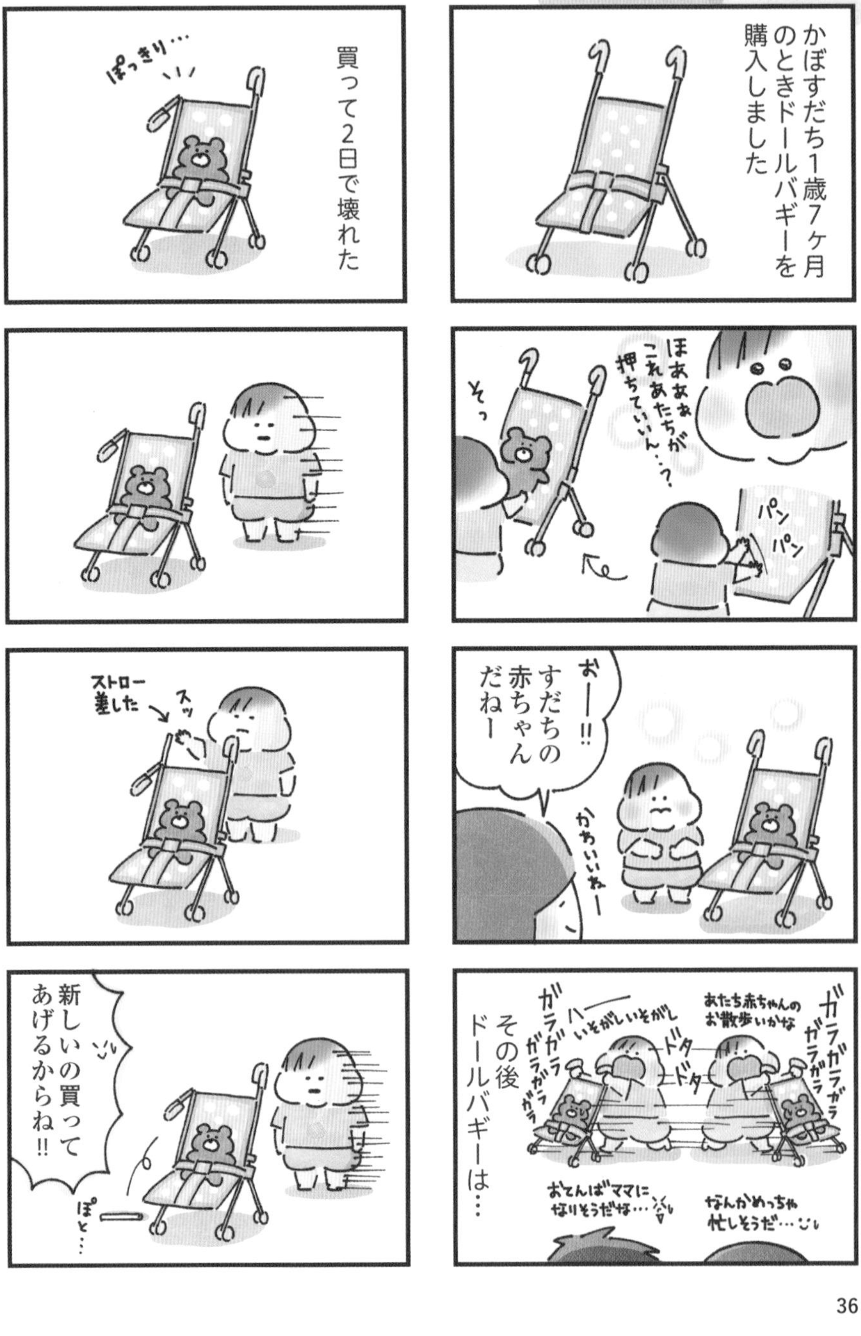
かぼすだち1歳7ヶ月のときドールバギーを購入しました
ほあぁぁ これあたちが押ちていいん…?
そっ
パン パン
おー!! すだちの赤ちゃんだねー
かわいいねー
その後ドールバギーは…
ガラガラ ガラガラ
ハーいそがしいそがし
ドタ ドタ
あたち赤ちゃんのお散歩いかな
ガラガラ ガラガラ
おてんばママになりそうだな…
なんかめっちゃ忙しそうだ…
買って2日で壊れた
ぽっきり…
ストロー差した
スッ
新しいの買ってあげるからね!!
ぽと…

歯磨き

歯磨きのフッ素コートが大好きなかぼすだち
フッ素コート
口をゆすがなくてOKなので便利
てってー
（つけてーー）
フッ素コートをつけると
シャコ…（0.1秒）
てってーー
サッ
シャコ…（0.1秒）
サッ
はや…
秒でまたつけてとねだられ
かぼすに至ってはすだちの歯ブラシを奪い二刀流で磨くことも
シャコシャコ
自分の顔を小刻みに動かすスタイル
シャコシャコ
引…
コラコラ

ジャンプ

ぴょんっ
ぴょんっ
えええ!!?
同時にジャンピング開脚(?)した!?
ぺたん
ぺたん

涙目

ニコ
ニコ
ギュッ
あーまた スリッパ持ってる！ 舐めちゃダメだよー
パッ
じっ…
うっ…
なんて切ない目をするんだ…!!

キス芸

かぼすだちはよく ペットボトルをおもちゃ 代わりに遊んでいます
ニタァ
てててて！
あたちにもよこしぇー!!
ガッ
てと!?
!?
うーー！
キー
ギュム ギュム
キー
たぁーー！
ケンカしないのーー！
からの…
CHU♡
バラエティのキス芸か!!

パーティメガネ

百均で買った
パーティメガネが
気に入ったかぼす
このメガネをかけると
必ずかぼすは…
スッ
くいっ
ポーズをとって
ウインク(?)をする
毎回必ずこのポーズ
ウィンクのつもりだけど
両目つむっている
なんでいつも
昭和のいい女風な
ポーズなんだ…
なぜかかぼすが
後ろを向いてずっと
仁王立ちしていたので
かぼすー？
呼んでみると
ぐるっ
ダダダダ
メガネが落ちない
よう体勢をキープ
したままめちゃダッシュ
ズイッ
めちゃ至近距離
百均で買った
パーティメガネを
かけて駆け寄ってきた

かぼすのジャンプ

かぼすがジャンプするとき
ぶるんっ!!
ぴょんっ
ぶるんっ!!
ぶるんっ!!
ぴょんっ
ぴょんっ
必ず「ぶるん」と言う
ぶるんっ!!
非常に的確な擬音だ…

きらめく埃

ガラッ
パッ
パッ
ぴょんっ
ぴょんっ
？
かぼすだち何してるの？
パッ
パッ
ハウスダストを取ろうとしてる
!?
日の光にあたってきらめく埃

ターンテーブル

ちょっとした違い

とってもおいしい

よく料理を
おいしーね
と言って食べてくれるかぼすだちですが
ありがとう
先日初めて
とってもおいしーね!!
と言ってくれた
え!! とっても!?
とーっても!!
そう言ってくれたものは
麦茶だった
とーってもおいしい!!
そ そう…
今シーズン初めて出した麦茶(6月頃)

赤信号

赤信号を見ると
アカトマレ!!
と言ってピタッと止まるかぼすだち
ピタッ
アカトマレ!!
ピタッ
?
ここ信号ないけど…?
ピタッ…
まさかあれを見て…?
消火栓
消火栓の標識だった
ピタッ…

選挙カー

最近かぼすだちは車の窓を開けたがり
最近開け方を覚えた
チャイルドシートにはさまれて激狭な席
ウィーン
あける
あける
道行く人やすれ違う車を見ながら
またねー
と言って手を振りなんだか…
またねー
選挙カーのようだ
またねー
またねー

束の間の癒やし

リモートワーク中
ガラッ
ちょっと飲み物取りに来たよ
突然のパパに大興奮のかぼすだち
パパ!!
パパ!!
ちゅーしていーか?
どーぞ
CHU!
だいしゅき〜
骨抜きになって仕事へ戻る夫
またねかぼすだち
たっち!
たっち!

双子育児、
ちょっぴり詰んでます!

第2章

「てんやわんや！双子育児」

かんきつ家のミルクスキル

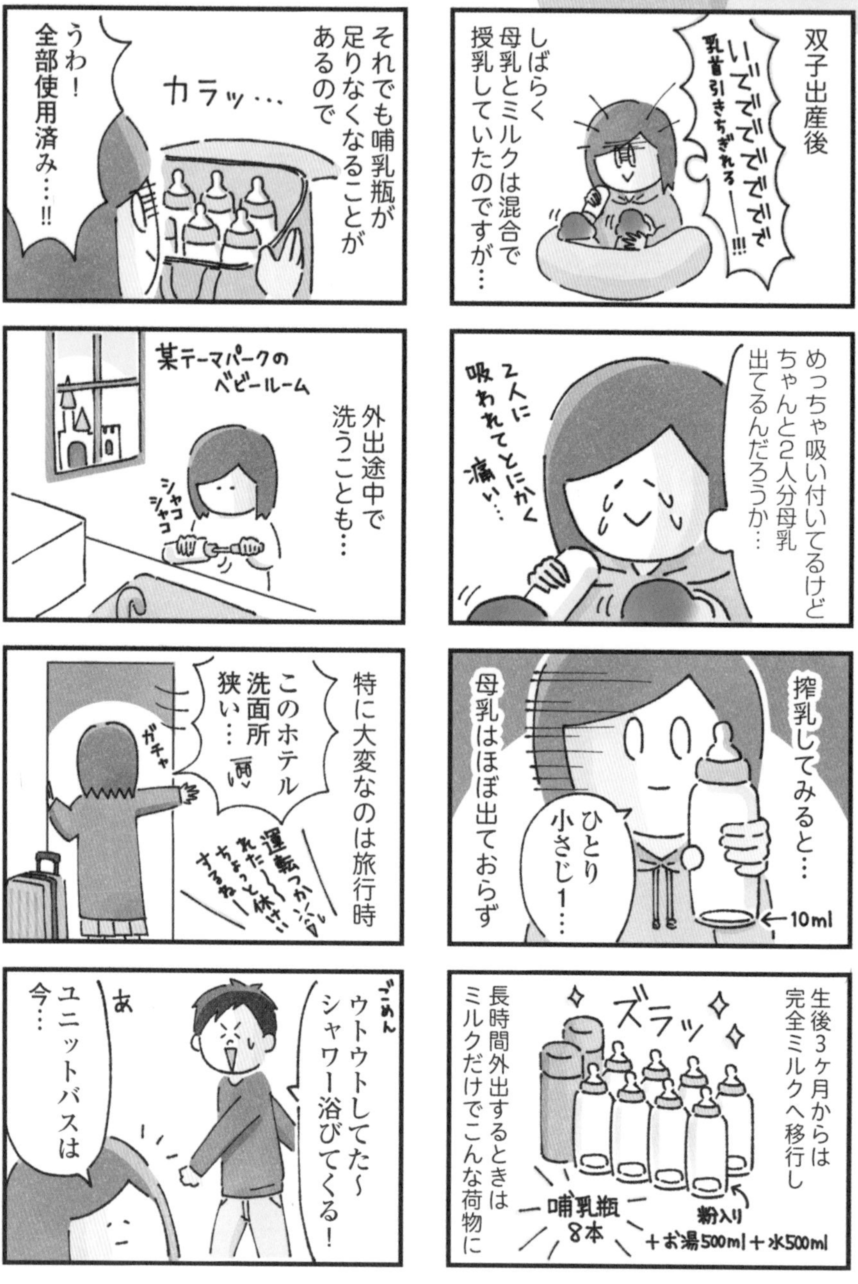

双子出産後
いでででででで
乳首引きちぎれる――!!!
しばらく母乳とミルクは混合で授乳していたのですが…
めっちゃ吸い付いてるけどちゃんと2人分母乳出てるんだろうか…
2人に吸われてとにかく痛い…
搾乳してみると…
母乳はほぼ出ておらず
ひとり小さじ1…
10ml
生後3ヶ月からは完全ミルクへ移行し
長時間外出するときはミルクだけでこんな荷物に
ズラッ
粉入り
哺乳瓶8本
＋お湯500ml＋水500ml
それでも哺乳瓶が足りなくなることがあるので
カラッ…
うわ！全部使用済み…!!
外出途中で洗うことも…
某テーマパークのベビールーム
シャコシャコ
特に大変なのは旅行時
このホテル洗面所狭い…
ガチャ
運転つかれた～ちょっと休けいするね―
ごめん
ウトウトしてた～シャワー浴びてくる！
あ
ユニットバスは今…

洗った哺乳瓶でいっぱいだよ
ズラッ
すご!!
夫はアウトドア用の携帯ガスコンロでお湯を即席で作り出し
グツ
グツ
外出途中で持参したお湯が足りなくなることもしばしば
うわ！足りない…!!
チョロチョロ…
私は哺乳瓶を洗う手際が良くなり
もはや皿洗いのバイト状態
シャコシャコ
シャコシャコ
水は自販機で買えばいいけどお湯はどこで手に入れたら…
普通ベビールームにあるけどこのへんなさそうだしね…
かぼすだちはミルクを飲むのに手慣れて
片手でも飲めるで
こうしてミルク作りに翻弄されていくうちに…
お湯を探せ――!!
家族全員無駄なミルクスキルを身につけたのでした

約30kgの2人乗りベビーカー

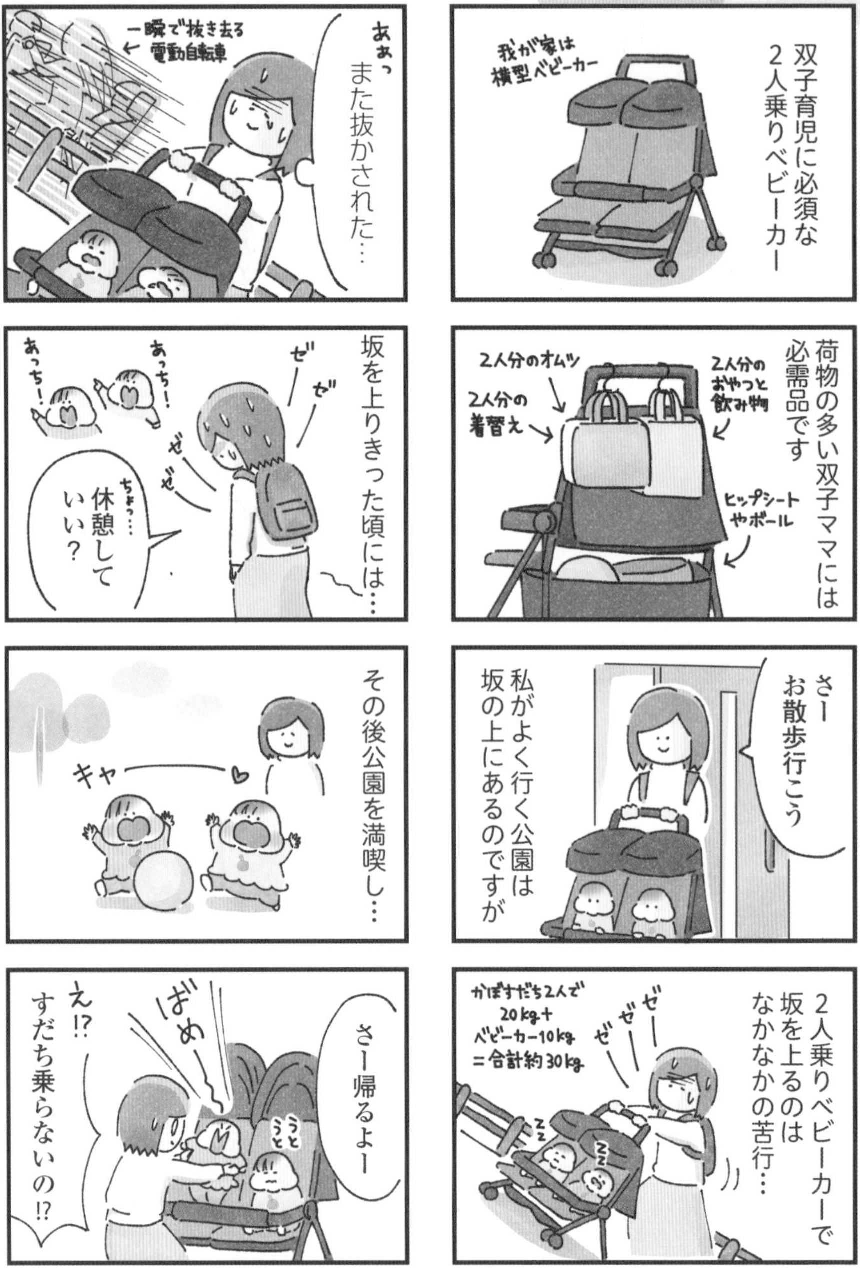
双子育児に必須な2人乗りベビーカー
我が家は横型ベビーカー
荷物の多い双子ママには必需品です
2人分のオムツ
2人分のおやつと飲み物
2人分の着替え
ヒップシートやボール
さーお散歩行こう
私がよく行く公園は坂の上にあるのですが
2人乗りベビーカーで坂を上るのはなかなかの苦行…
ぜー ぜー ぜ
かぼすだち2人で20kg+ベビーカー10kg=合計約30kg
ああっ また抜かされた…
一瞬で抜き去る電動自転車
坂を上りきった頃には…
ぜー ぜー ぜ ぜ
ちょっ… 休憩していい?
あっち!
あっち!
その後公園を満喫し…
キャー
さー帰るよー
ばめー
うとうと
え!? すだち乗らないの!?

一人グズったときは
このスタイル
ヒップシート
下りは下りでしんどい坂道
慎重に慎重に
おしゃ
ベビーカーを押したがる→
え?
前から来るのは…
あれは…!!
同志…!!
無茶しおって…!!
ぜ
ぜ
ぜ
!!
ニコ…
ニコ…
笑えますよね
この状況…
ええ…
言葉を発さずとも意思疎通がとれる双子ママ
第一声→
お疲れ様です
ペコ
ペコ
頑張りましょう
スッ
お互い止まれない
一目あっただけで旧知の関係のようになれる双子ママ

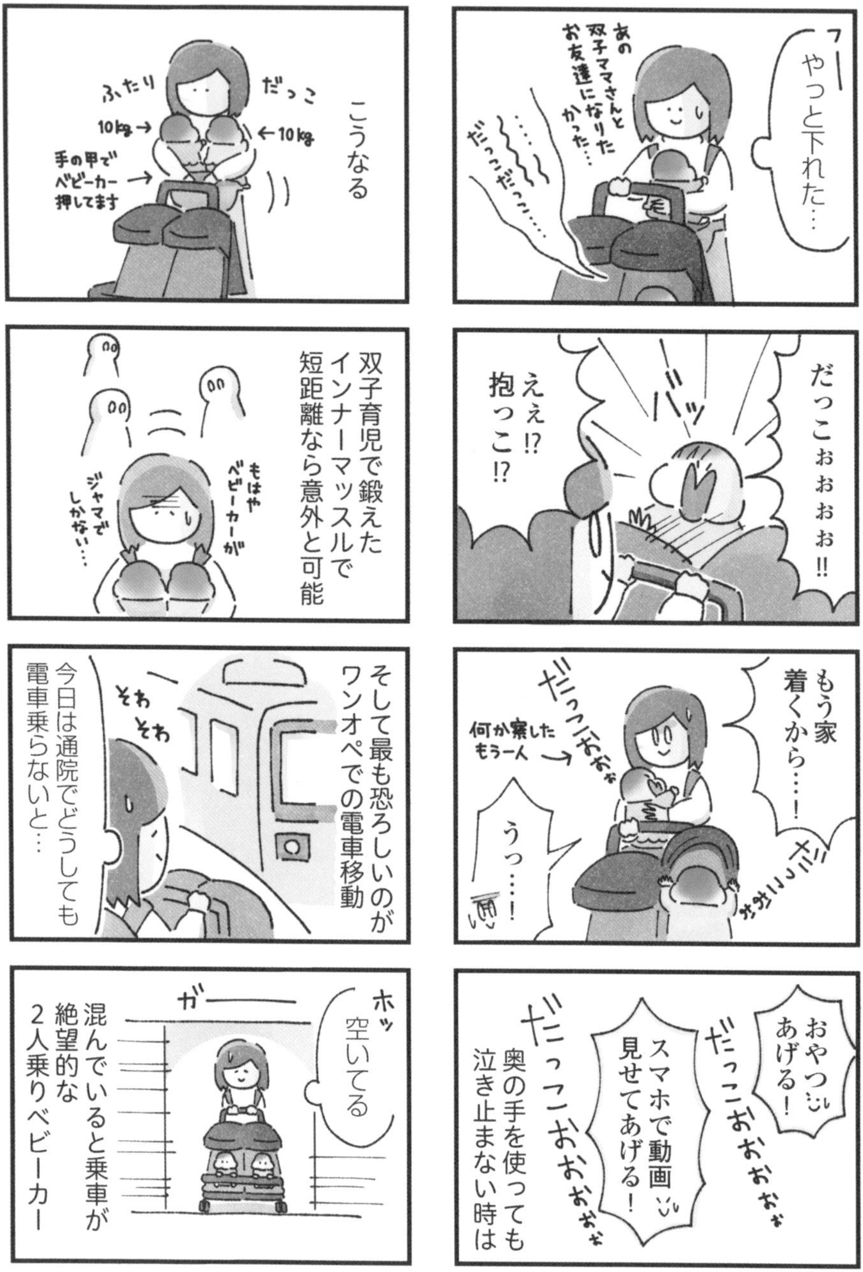
フー
やっと下れた…
あの双子ママさんとお友達になりたかった…
だっこだっこ〜〜〜……
だっこぉぉぉぉ!!
バッ
ええ⁉ 抱っこ⁉
もう家着くから……!
だっこぉぉぉ
何か察したもう一人
うっ……!
奥の手を使っても泣き止まない時は
おやつ…あげる!
スマホで動画…見せてあげる!
だっこぉぉぉぉ
だっこぉぉぉぉ
こうなる
ふたり だっこ
10kg→ ←10kg
手の甲でベビーカー押してます
双子育児で鍛えたインナーマッスルで短距離なら意外と可能
もはやベビーカーがジャマでしかない…
そして最も恐ろしいのがワンオペでの電車移動
今日は通院でどうしても電車乗らないと…
そわそわ
混んでいると乗車が絶望的な2人乗りベビーカー
ホッ
空いてる
ガーー

あとは泣かないでいてくれ――
降りれない…
ギャー
ギャー
次は○○駅～
二人グズった場合
最悪降りられない事態に
○○駅～
ホッ
無事着いた
電車が開くと大抵皆さん
驚いた顔をしてめっちゃ
道を開けてくださる
ガー
ドーーン
ヒー
すいません…
双子⁉
ザザザ…
※降車時は後ろ向きで降りています
大変なことが多い
2人乗りベビーカーの
移動ですが
⁉
通れない…⁉
たまに入り口の柵が
せますぎる公園がある
2人乗りベビーカーを
使っていて
一番印象的なのは
あら！
まー‼
双子ちゃん⁉
かわいいわね～
ありがとうございます
とにかくたくさんの方に
双子を愛でてもらえて
どうぞ
せまいけど大丈夫？
エレベーター
ありがとうございます…！
たくさんの方に
助けていただけること
お母さん頑張ってね‼
ありがとうございます…‼
おかげさまで何とか
やれています

ベビーカーあるある

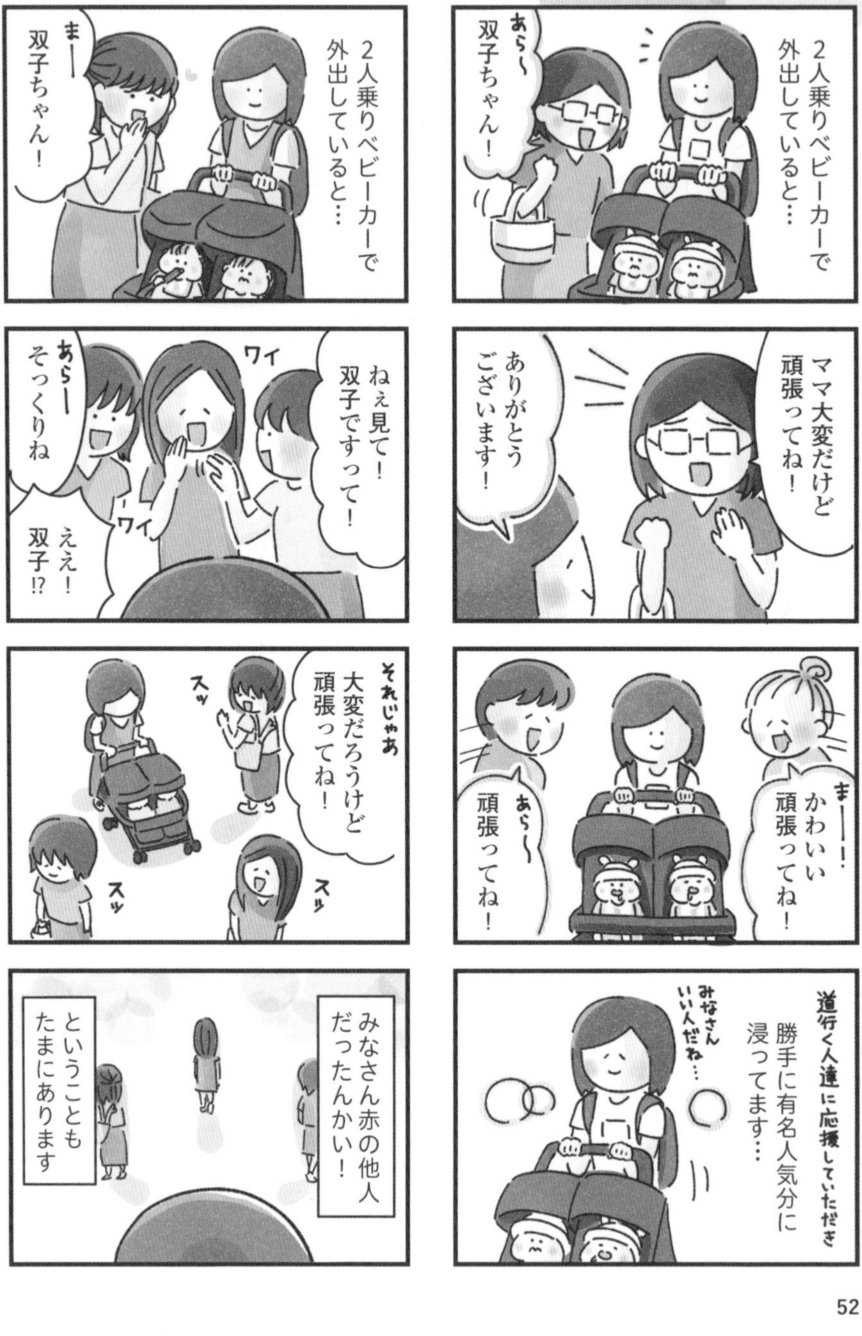
2人乗りベビーカーで外出していると…
あら〜 双子ちゃん！
ママ大変だけど頑張ってね！
ありがとうございます！
まー！ かわいい 頑張ってね！
あら〜 頑張ってね！
道行く人達に応援していただき 勝手に有名人気分に浸ってます…
みなさんいい人だね…
2人乗りベビーカーで外出していると…
まー 双子ちゃん！
ねぇ見て！ 双子ですって！
ワイ
ワイ
あらー そっくりね
ええ！ 双子!?
それじゃあ 大変だろうけど頑張ってね！
スッ
スッ
スッ
みなさん赤の他人だったんかい！
ということもたまにあります

かわいいとは?

ほっぺたぷるぷる

寝かしつけ

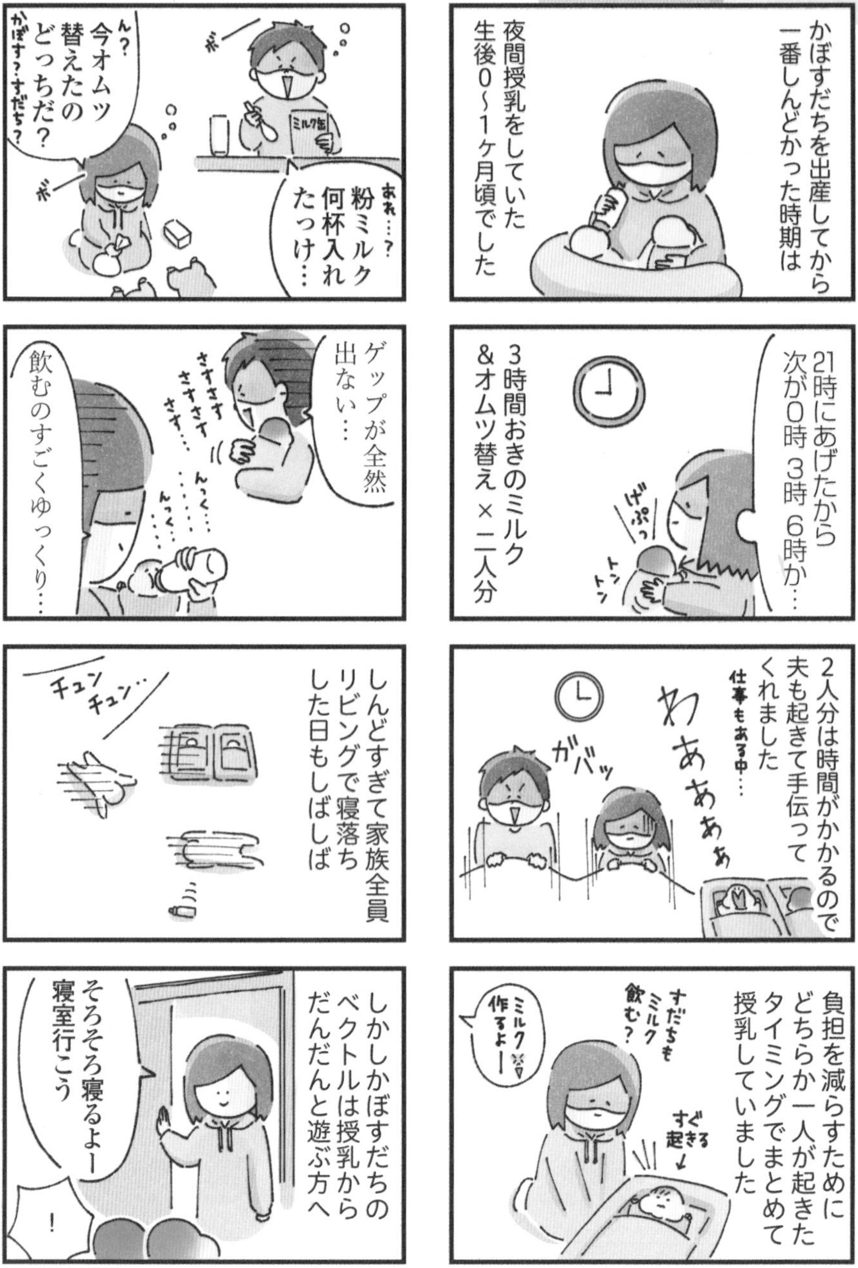

かぼすだちを出産してから一番しんどかった時期は
夜間授乳をしていた生後0〜1ヶ月頃でした
21時にあげたから次が0時 3時 6時か…
げぷっ
トントン
3時間おきのミルク&オムツ替え×二人分
2人分は時間がかかるので夫も起きて手伝ってくれました
仕事もある中…
わあああぁ
ガバッ
負担を減らすためにどちらか一人が起きたタイミングでまとめて授乳していました
すだちもミルク飲む？
ミルク作るよー
すぐ起きる
あれ…？粉ミルク何杯入れたっけ…
ミルク缶
ボー
ん？今オムツ替えたのどっちだ？
かぼす？すだち？
ボー
ゲップが全然出ない…
さすさすさすさすさす…
んっく…んっく…
飲むのすごくゆっくり…
しんどすぎて家族全員リビングで寝落ちした日もしばしば
チュンチュン…
しかしかぼすだちのベクトルは授乳からだんだんと遊ぶ方へ
そろそろ寝るよー寝室行こう
！

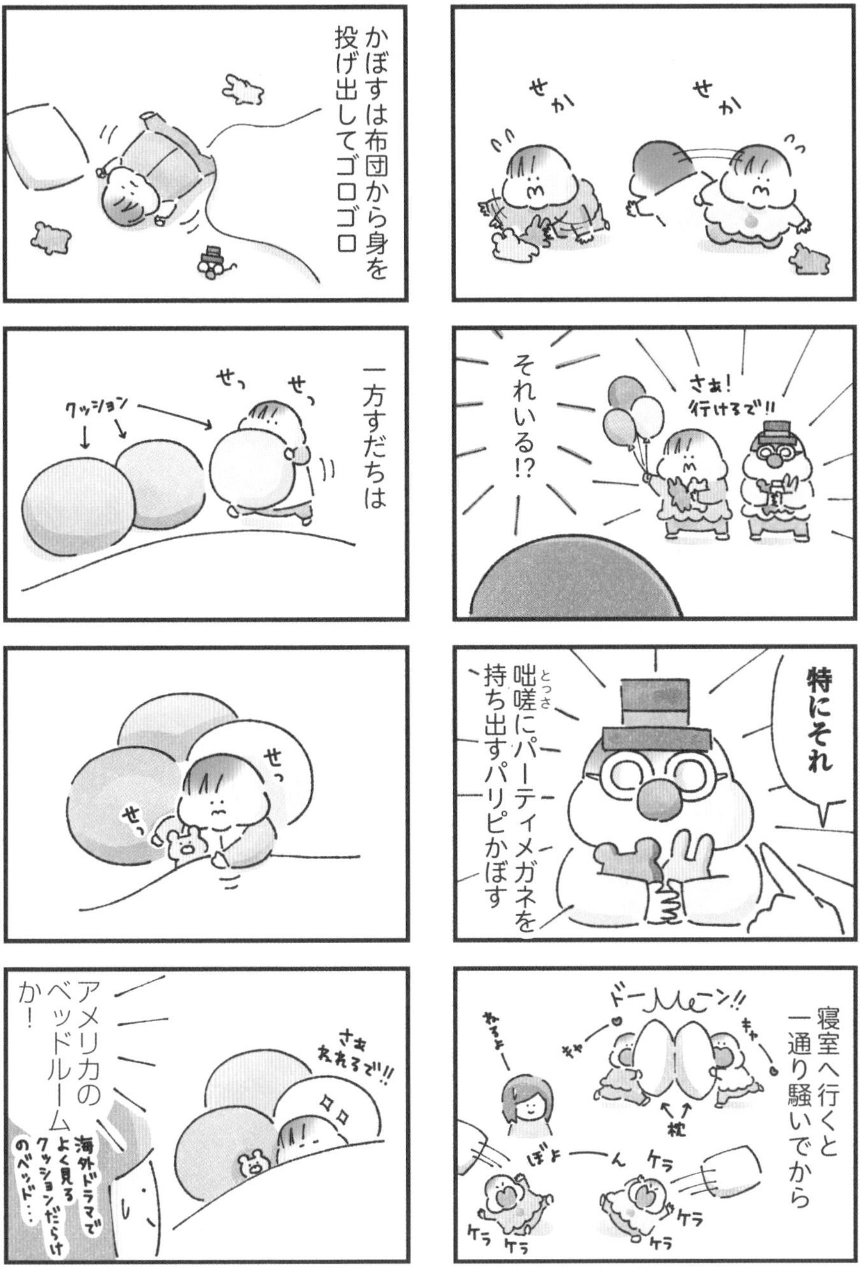
せか せか
それいる!?
さぁ! 行けるで!!
特にそれ
咄嗟《とっさ》にパーティメガネを持ち出すパリピかぼす
寝室へ行くと一通り騒いでから
ねるよー
ドーンッ!!
きゃー
きゃー
枕
ぼよーん
ケラ ケラ ケラ ケラ ケラ
かぼすは布団から身を投げ出してゴロゴロ
一方すだちは
クッション
せっ せっ
せっ
せっ
アメリカのベッドルームか!
さぁ ねれるで!!
海外ドラマでよく見るクッションだらけのベッド…

ちなみに夫が寝かしつけるときは15〜30分で眠りにつくかぼすだち
添い寝していれば自然と寝てくれる
すー
おやすみ二人とも〜
チュッ
ゴシゴシゴシゴシ
ガーン…
ひ、ひどい…
ZZZ
スー
私が寝かしつけするときは…
だっこー
さー寝るよー
二人とも私の胸の上を狙って
ここ
……
だっこー
ちょ…押さない…
だっこ!!
だっこ!!
だっこ!!
だっこ!!
ぎゅむっ
だっこーおお
ちょっ…むぐぐ…
だっこーおおお
もみくちゃになりながら…

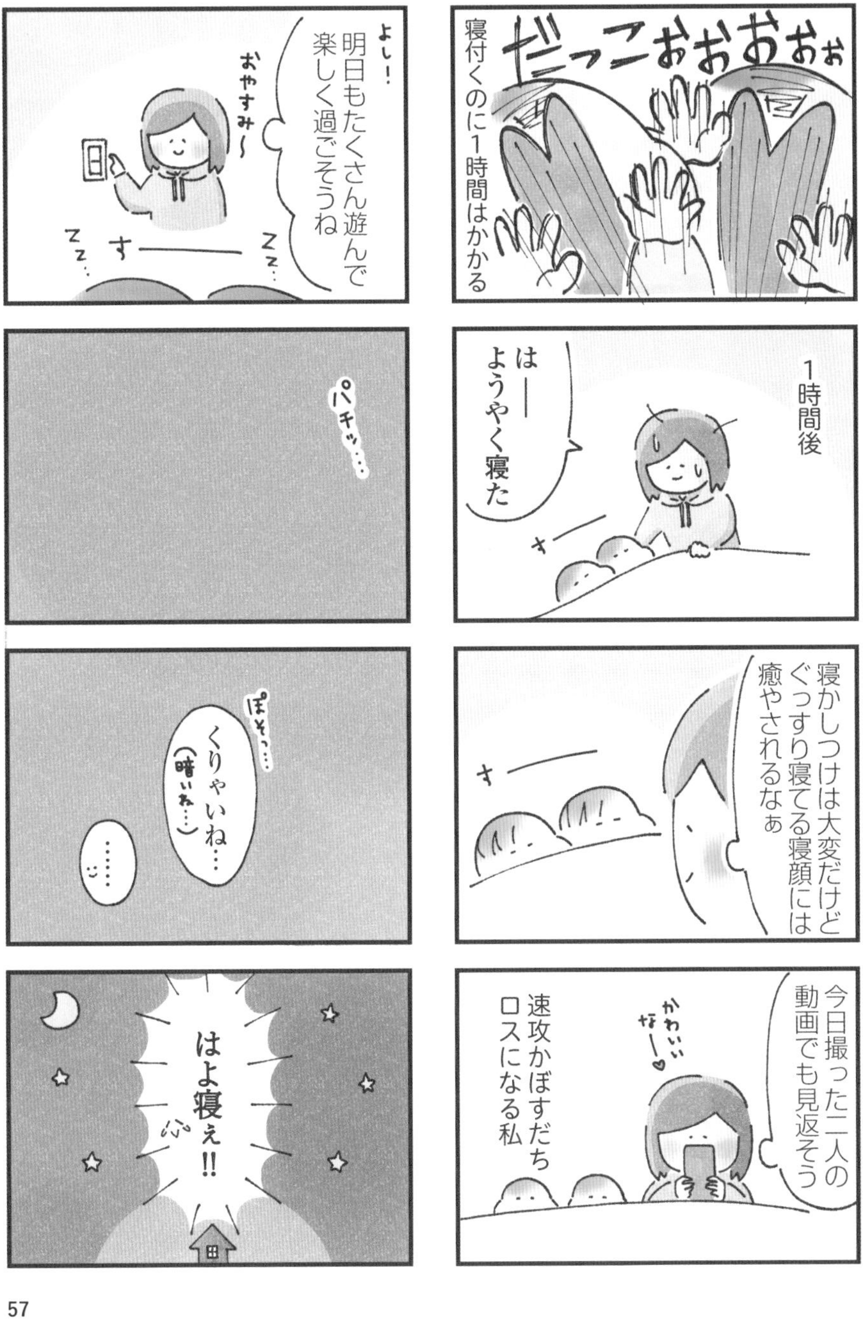
寝付くのに1時間はかかる
だっこおおおぉ
1時間後
はーー
ようやく寝た
すーー
寝かしつけは大変だけど
ぐっすり寝てる寝顔には
癒やされるなぁ
すーー
今日撮った二人の
動画でも見返そう
かわいいなー♡
速攻かぼすだち
ロスになる私
よし！
明日もたくさん遊んで
楽しく過ごそうね
おやすみ～
すーー
zz…
zz…
パチッ…
ぽそっ…
くりゃいね…
（暗いね…）
……
はよ寝ぇ!!

壮絶！イヤイヤ期

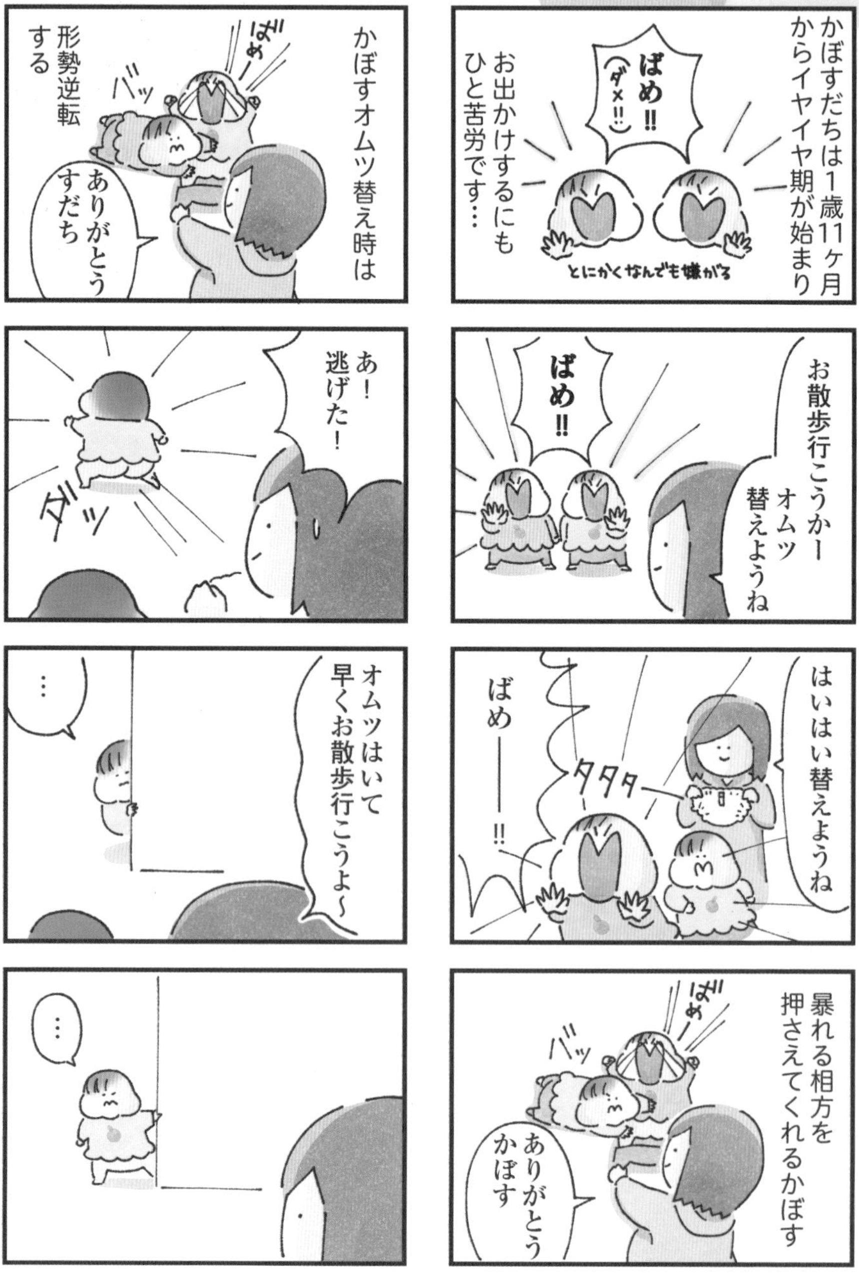
かぼすだちは1歳11ヶ月からイヤイヤ期が始まり
お出かけするにもひと苦労です…
ばめ!!（ダメ!!）
とにかくなんでも嫌がる
お散歩行こうかー
オムツ替えようね
ばめ!!
はいはい替えようね
ばめ――――!!
タタタ
暴れる相方を押さえてくれるかぼす
ばめ
バッ
ありがとうかぼす
かぼすオムツ替え時は
形勢逆転する
ばめ
バッ
ありがとうすだち
あ！逃げた！
ダッ
オムツはいて早くお散歩行こうよ～
…
…

「どうしよっかなー」
というポーズで
近づいてくる
ん
ダッ
また逃げた!!
スッ…
…そしたらもうこのオムツすだちにあげちゃおうかなー…
すだちあげる
もらうで
スッ
かぼしゅの!!
バッ
履くぅ履くぅ
じたばた
相方に取られそうになると急いで履くかぼす
よし
かぼすお着替え完了!
スンスンスン
すだちも上着替えちゃおうか
NON!!
カッ
え…
さっきノリノリでオムツはいてましたやん…

のんのんのん
ちっ ちっ ちっ
しかもなぜか外国人化した…!
上だけ着替えるだけだから…
フーンッ!!
プイッ
腕を組んでるつもり
そんな怒らなくても…
フーん
かぼす靴下…
NON!!
カッ
……
……よし!
食器洗お
ジャー
二人とも全く協力してくれないときは私も他の作業に切り替えます
無理に続けても気力・体力奪われるので…
そして少し時間を置くと…
…着替える?
なんなく着替えさせてくれたりする
するん
きがえりゅ
さっきの怒りはどこへ…
あとは髪の毛だねー
もぐ
もぐ もぐ
天パの私と直毛の夫から生まれたかぼすだちの髪の毛は
セットすると直毛のように見えるがセット前は寝癖がすごい
オオオォ…
もぐ もぐ
なんでこんなビッグウェーブのようになる?

ばめ!!
バッ
もちろん髪の毛もなかなかいじらせてくれない二人
ですよね…
食事に集中してるうちに…
できた…!!
なんとか結べても
もぐもぐ
もぐ
あぁっ…!
瞬殺…!!
あたちもなんか付いてたわ…!!
しゅるんっ
しゅるんっ
色々試した結果
玄関前の全身鏡で褒めまくりながら結ぶとなんとか結ばせてくれることが判明
かわいい――!!
プリンセスみたい――!!!
…
よし!!
ようやく外出れる!!
バッ
よいせっ よいせっ
← 重さ11kgのベビーカー
さぁ! お外行こう!
ん!?
もわ〜〜ん…
ひょいっ
うんち…!
双子あるある(?) なぜか同時うんち
二人とも…!!
もわ〜ん…
もわ
ん…
1コマ目へ戻る
ばめ!!!
もう…お外も曇ってきたしお散歩はいいか…
諦めと切り替えが大事な双子育児なのでした

外食って大変……

今日は外食しようか!
いいね!
我が家では外食のとき
4人横並びで座ります(ソファ席の場合)
ギュウ
せま…
ギュウ
向かいの席には双子のたくさんの荷物やベビーカーを置く
なぜならもしこのような位置で座ると…
ベビーチェアは即座に拒否する二人
パパー
ハイ
ハイハイ
ひょい
ママー
パパー
ハイ
ハイハイ
ひょい
ママー
かぼすだちが行ったり来たりしたがるため
パパー
ママー
何回やるんだ…
全然食べれない…
横並びに落ち着きましたが…
ぎゅっ
ただこの並びにしても…
ダメダメ
たべりゅ
コレすだちまだ食べれないから
こりぇなんだ?
カチャカチャ

むっちゃ大変です
それ辛いからムリだって!!
ヒッ!! お水がっ!!!
こりぇなんだー!?
みーみ!!!(お水)
ガシャン
なので一人でも寝たときはだいぶ楽になります
順番で食べようか
先食べてて
ガタッ
ありがとう…
ハー
ゆっくり食べれるってありがたい
もぐもぐ
ん？
くいっ
私に向けて指ハートしまくっている…？
夫が…
くいっ くいっ
そろそろ交代しようって意味だったんだけど…
あぁ～ ごめん！
どんだけ私のこと好きなん…って思ったわ…
ちなみにこんなときは
……あれ？二人とも寝た…？
スー スー
これは…チャンス…！
カフェ寄ろうか！
ケーキ食べよう！
しめしめ

しかしせっかく二人寝ていても…
ダメだ…
この店の幅じゃ2人乗りベビーカー通らない…
別の店探そうか…
抱っこしたら起きちゃうしね…
そうこうしてるうちに起きてしまい…
パッチリ
かぼしゅのしゅたい(スタイ)は?
ああっ 起きちゃった
スタイ手に持ってるよかぼす
結局こうなる
ギュウ
ギュウ
お水のこと
みーみ!!!
みーみ!!!
同じのこっちにもあるから!!
じじっ
ハッ
隣の外国の方がめっちゃこっちを見ている!
うるさくてすいません…!!
じー
わわ
もー一旦お外出よう!
ガタッ

英語で「めっちゃキュートなツインズボーイだね」的なことを言っている!?
ボーイではないけど…
サンキュー サンキュー
英語力ゼロ
ベリーかわいくていやされた的なことを言っている
ただ微笑ましく見てくれてたのか…!
よかった…!!
急に歌いだす
らーらーらーらー
だからしー!!!
HAHAHA HAHAHA
食事の味をじっくり味わえないほどしっちゃかめっちゃかですが
これも良い思い出と思える日が来るんだろうなぁ…と思って日々頑張っています
わわ
HAHAHA

店員さん

いらっしゃいましぇー どれするー??
突然始まるお店屋さんごっこ
ん〜 アイスください
あいしゅねー どぞー
ん〜おいしー!
じゃあねー
お金を取らない良心的なお店
ぐー
こてんっ
zz
店員さんは一度接客すると疲れて寝てしまう

わが家のお風呂スタイル

以前参加した双子サークルの集まりで
みんな双子ママ〜
話題になったのが…
沐浴っていつまでしてました？
通常生後1ヶ月頃まで行う沐浴ですが…
生後5ヶ月
1歳
1歳過ぎ…
やっぱり…
なかなかやめれないですよね…
双子ママは長い期間沐浴させていることが多い
※私の周り調べ
なぜなら
双子をお風呂に入れるのはとにかく大変だから…!!
我が家も1歳過ぎまで沐浴させていて
そろそろ浴槽でお風呂入れてあげなきゃなぁ…
よし
明日からやってみるか…!
突如決行

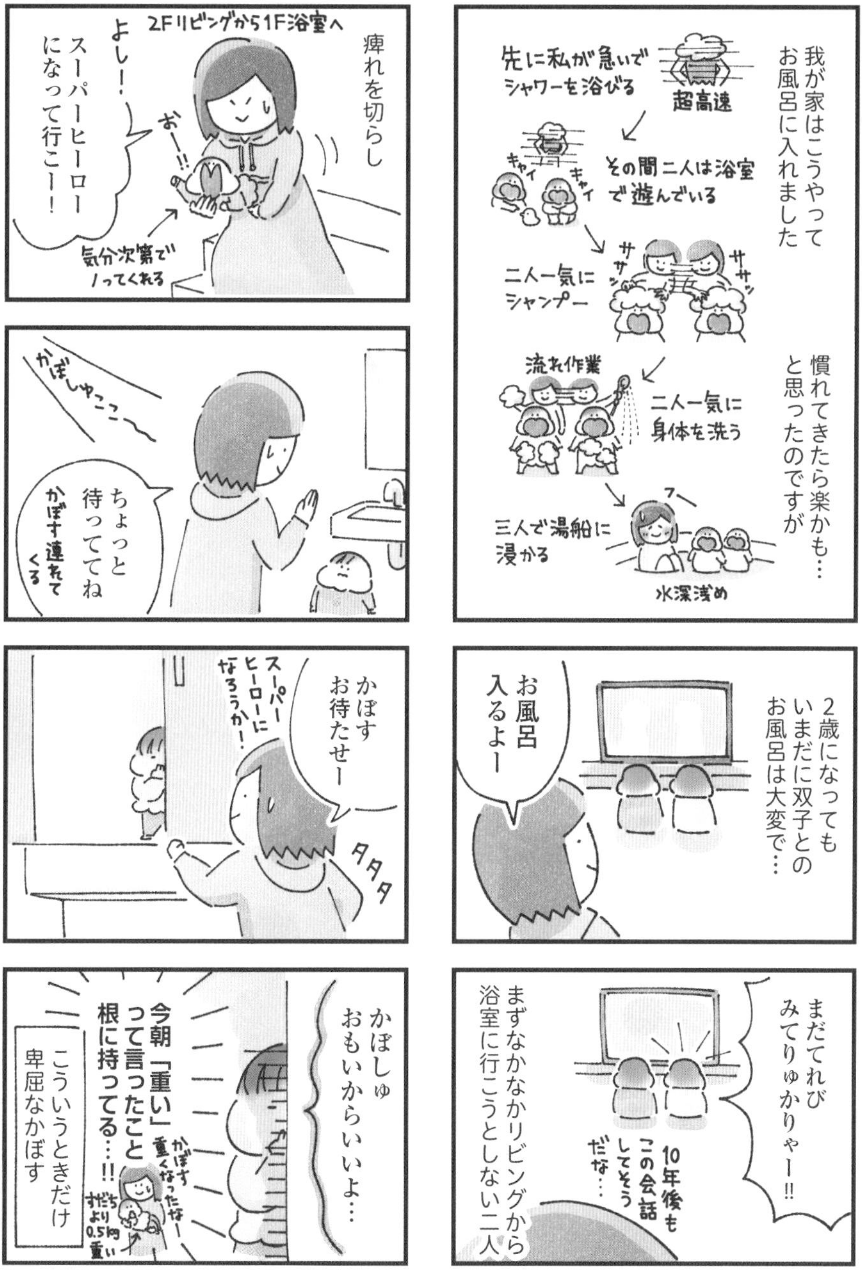
我が家はこうやってお風呂に入れました
先に私が急いでシャワーを浴びる
超高速
その間二人は浴室で遊んでいる
キャイ
キャイ
二人一気にシャンプー
ササッ
ササッ
流れ作業
二人一気に身体を洗う
三人で湯船に浸かる
水深浅め
慣れてきたら楽かも…と思ったのですが
2歳になってもいまだに双子とのお風呂は大変で…
お風呂入るよー
まずなかなかリビングから浴室に行こうとしない二人
まだてれびみてりゅかりゃー!!
10年後もこの会話してそうだな…
痺れを切らし
2Fリビングから1F浴室へ
よし！スーパーヒーローになって行こーー！
おー!!
気分次第でノってくれる
かぼしゅっこ〜
ちょっと待っててね
かぼす連れてくる
かぼすお待たせー
スーパーヒーローになろうか！
タタタ
かぼしゅおもいからいいよ…
今朝「重い」って言ったこと根に持ってる…!!
かぼす重くなったなー
すだちより0.5kg重い
こういうときだけ卑屈なかぼす

かぼすは重く なんかないよ!!
なに しゅてるの—
そうこうしているうちに せっかく運んだすだちが こっちへ来てしまう
どうにか二人を 洗面所まで連れていき
はい! いっちに! いっちに!
そこからなかなか服を 脱いでくれない二人…
はよ 脱いで…
ばめ!!!(ダメ)
隅に逃げる二人
全然着替えてくれないので 私一人先にシャワーを 浴びていると…
シャ
コンコン
ようやく 入ってくれるか——
ちょろちょろっ ちょろちょろ
バターンッ
え…
私だけ洗面所に 閉め出され
開けられないよう おしりでドアを押してる
二人のお尻を 眺めるはめに
これは これで 眼福…
か～ぼ～す～だ～ち～
キャー!!!

さぁ髪と身体洗おうかー
キャッ
キャッ
ピッ
kids SOAP
!!
なにしゅるの!!!
洗うんだよ…!!
そしたら泡で遊んでみようか
フー
二人は泡をとっても嫌がるので
あゎあゎさわってみるー?
警戒
そー
ちょん
かなりの時間がかかります…
洗うんだよ!!
なにしゅるの!!!
怒
かぼすのおしり!!!
怒
しかし慣れてくると
おじーちゃん!!
ケラケラケラ
みてみてー
ヒゲ(?)
なんで毎回これがリセットされるんだ…
湯船に浸かり
束の間のリラックスタイム…
あったかいねー
ハーー
さー身体拭こうね
タオルキャップ
フード付きバスタオル

カッ!!
かぼす すだち はスーパーヒーロー!!
ダダダダ
ちょ!! ママのこと助けてヒーロー!!!
HELP!!
ガン→ 無視される
あ おかえり! ちょっと手伝って~
OK
キャー!!!
ただいま
パパ!!!
パパ!!!
←大体お風呂上がり頃帰宅してる夫
ハイ ジャンプジャンプ~
キャッ
キャッ
ジャーーンプ!!
キャー!!!
サッ
連係プレーでお着替えさせる柑橘家
ハイ 止まってーーー
ドライヤーよりも もはや走り回ってる おかげで 髪が乾いてる二人
ガー
キャーー
キャ
バタ
バタ
ようやく終わった…!!
キャーー♡
おつかれさま
ガー
こうして毎日 お風呂上がりは疲れ果て 放心状態でドライヤーを あてる私です

マッドサイエンティスト

ニコ
あはっ
スッ
いでででででで
みょーん
まぶた思いきりひっぱられた
マッドサイエンティストの顔付きだ…!!

進撃の巨人

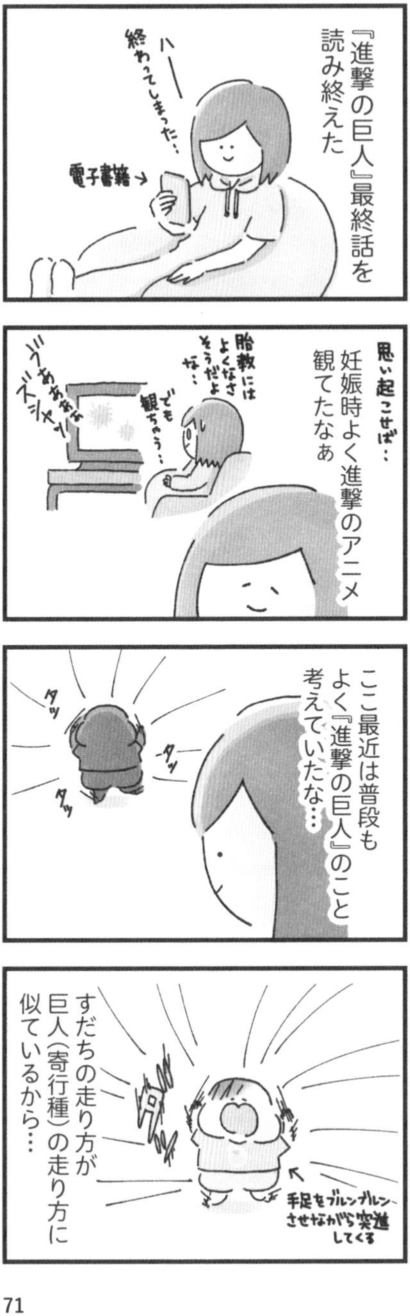

『進撃の巨人』最終話を読み終えた
ハー
終わってしまった…
電子書籍→
思い起こせば…
妊娠時よく進撃のアニメ観てたなぁ
胎教にはよくなさそうだよな…
でも観ちゃう…
ゴあああぁ
ズシャ
ここ最近は普段もよく『進撃の巨人』のこと考えていたな…
タッ
タッ
タッ
すだちの走り方が巨人(奇行種)の走り方に似ているから…
手足をブルンブルンさせながら突進してくる

双子の写真事情

おニューの帽子だから写真撮ろう
カシャ
カシャ
いいの撮れたかなー？
うーん全然笑ってないな…
ニパッ
アハ♡
ギュッ
アハ♡
ハッ
急にやる気ない表情
フッ…
急に方向転換
以下繰り返し
サッ
かぼすとるよーー
とってーー
ちゅぽんっ
とってーー
近い近い!!
ぴとっ
とってーー
めっちゃ近づいてくる

かぼすだち1歳
初めてスタジオで
バースデーフォトを
撮ってもらいました
よろしくお願いします
二人とも人見知り
大丈夫かな…
でも流石はプロの
カメラマンさん
二人ともかわいいよー!!
カシャカシャ
ベロ
シュッ
なんや
そのおもちゃ
ほあああああ
あああ…!!
私達もかぼすだちを
必死にあやし…
かぼすだちが鉄板で笑うくしゃみのまね
ハークション!!
ハークション!!
カシャッ
カシャッ
ベロ
撮影後
帰りの車内
喉痛…
おもろかったなぁ
うっ
気持ち悪い
かわいいいっぱい言われたわ
普段しない
テンションであやし
続けたので体調崩す
友人の子
(3歳)
かぼすだち1歳7ヶ月のとき友人宅にて
キメポーズのかぼす
無の境地のすだち
写真撮るよー
ハッ
なんじゃそのポーズ…!!!
どうやるん…?
んー〜
こうか!!!
惜しい…!
その後ピースの
研究を重ねた
かぼすは
ほこらしげ…
?
1歳9ヶ月突然ピースが
できるようになった
なぜか食事中突然できるように

寝返り

生後8ケ月なのに
いまだに寝返りを
ほぼうたない
かぼすだち
ハイハイも当然まだ
ここまではいける
腕が引けない
いつか寝返りうった
ときにはムービーに
収めたいね
そうだね
家族でお出かけの日
電車間に合わない！
急げ急げ！
バタバタ
誰にも褒めて
もらえないかぼす…
え⁉今
かぼすが
寝返り？
え？早く
早く！
ゴロン
シュタッ

アシスタント

すだちのオムツ替え中
すだち
かぼす
（なぜかこのときだけ必ず正座）
すだちのオムツ替え時
必ず懸命にお尻拭き
をとって渡してくれる
サッ
サッ
パッ
パッ
ありがとう
フキ
フキ
…
トトロの
カンタ風…!!
ん
ありがとう
ぐぐっ
ずーん!!!!
ぐいっ

でべそ

すだちのオムツ替え中
ハッ
ペロン
ニャニャ
ササササ
すだちのでべそを見るのが好きなかぼす
アハー♡
すだちのへそを見ると近付いて笑う
笑ってるけど
かぼすもでべそなんだよ
!?
いやぁー
それはないない
ブンブン
いやむしろ
すだちより
かぼすのが
でべそなんだよ
冗談きついわー
ないない
ブンブン
でべそを絶対に認めないかぼす…！
めちゃ首ふってる…
はよオムツかえて…

連係プレー

ああ…
うんち背中漏れしちゃったね…
オムツ替えて着替えようね～
ペリ
ササササ
あたちがオムツ替えたる
あんがと
シュッ
めちゃ速い手つき
うんちついたオムツ
かぼすー!!
うーかゆいんよ
ポリ
ポリ
おしりにぴっしりうんちついてる状態
すだちー!!
背中モレした服
この服くちゃいな
ひょいっ
ポイッ
おぉぉ…
双子の連係プレー？

カフェラテ事件

カフェラテ
じっ
わあああああ
あたちが机のお片付けしてあげるわ
ズルズルー
バシャ
すだち今こっち来ちゃダメだよ
なんかごめんやわ
ふきふき
かぼすううう!!
あたいも手伝うわ!
ザザザ

トラウマ

知人からスクイーズの人形をもらった
ほらかぼすうさちゃんだよ
ぎゅっ
手触りがモチモチで…
ぎゃああああああ
え…
それからというもの
透明BOXからぼんやり見えるうさちゃん
ぎゃああああああ
ぎゃああああ
覚えたての拙いハイハイで全力ダッシュ
うさちゃんをとても怖がるようになってしまった…

母の名

かぼすだちはよく私の名前を連呼することがある
夫がよく いよちゃん と言ってるから…?
いよちゃ〜
いよちゃ！いよちゃ！
かわい…
いよちゃいよちゃいよちゃいよちゃ
いよちゃんだよー
違うよ :)
…
じっ
リモコン
いよちゃ!!
かぼすだちにとってのいよちゃんて…?
違うよ :)

双子あるある①

一卵性双子あるある?
すだちターッチ!!
すだち
かぼす
ハッ…
かぼすやないかーい!
たまーに間違える

双子あるある②

双子ママあるある？
2人組のアニメキャラやさくらんぼ柄など双子関連のものに敏感になる
お!! さくらんぼ柄！
買いだ!!
2人用横型ベビーカーで出かけて話しかけられない日はほぼない
あら!!
双子ちゃん⁉
そうなんです 生後10ヶ月で一卵性で～
↑ やりとりも手慣れてくる
話しかけてくれる人は親族に双子いがち
私の孫も双子でね～
本当ですか！
うんちするタイミングが一緒
かぼす うんちか ということはー
すだちもか

双子あるある③

双子ママあるある？
お風呂はシンクで沐浴で済ませる期間が長い
↑私調べ（うちだけですか…？）
さすがに いまだに 沐浴は そろそろ 厳しいか…？
双子のママさんを見かけるとつい会釈または話しかけてしまう
同志…!!
お互い双子育児頑張りましょう…!!
↑心の声
ペコ
ペコ
毎日外にお散歩させるのはちょっと億劫
2人着替えさせて2人乗りベビーカー出して乗せるの大変だしな…
2人ギャン泣きすると大変だしな…
今日天気そんなに良くないしな…
ベランダで外気浴でいいか
2人騒いだり泣いたりしたときも周りの皆さん温かい目で見守ってくれる 気がする
ちょっと待って!! おやつあげるから落ち着こう!!
ギャ
あら～ 双子ちゃん大変よね…
ハハハ かわいいな

自分の名前

最近家族みんなの名前を認識するようになったかぼす
すー！
（すだち）
いよちゃあん
ぱーぱー
自分の名前わかる？
鼻
何度聞いてもかぼすの名前は「鼻」
なぜ…！

1年後……

あたしはぷりんしぇしゅよー
女の子だなー
あたしはぷりんしぇしゅー
うんうん
すだちはプリンセスだよー
かぼすもプリンセスだよ
かぼしゅはかぼしゅ!!
ちゅぽんっ
漢《おとこ》らしい…!!

意思疎通

「何を言ってるかよくわからない会話でも双子同志なら不思議と通じ合えると聞いたことがあります
もにょもにょ もにょもにょ
〜〜〜だねぇ!
え!?なに!?
もにょもにょ もにょもにょ 〜〜〜だねぇ!!
なに!?
〜〜〜だねー
なに!?
双子でも必ずしも通じるわけではないんだな…

追跡

公園ですだちが離れたところへ行ってしまったとき
タタター
待ってすだちー
こういうときかぼすは自信満々に
まかしぇて!!
と言って
おぉ…!!
だっこ
あ ハイ
あっち!!
ハイ
方向指示してくれる

赤ペン

赤いマジックの蓋を開けてしまったすだち
あ！ すだち 開けちゃダメ！
キュポンッ
あ～マジック手についちゃったね
…
スン スン
スン…
スン スン
え？
いたい…
それ血じゃないよ!! マジックだよ!! 大丈夫!!
スン スン
スン

読書

なぜか英語の分厚い説明書を読むすだち
じっ
すー！ すー！ （すだち！すだち！）
バタ バタ
なん!!
集中して説明書を読みたいすだち
しっ!!!
とぼ とぼ

双子育児
ちょっぴり詰んでます!

第3章

「すくすく成長！かぼすだち」

動画サイトは強い味方

公園で双子ママさんと話していたとき
そのベビーカー改札通りますか？
広い改札なら通りますよー
動画サイトって結構見せてます？
うちは結構見せちゃってます…
ですよね～全然見せないってママさんもいますけど…
双子育児なんて動画サイトなきゃやってらんないっスよー!!
もー大変で大変で
ですよね…!!
うんうん
動画がないと料理もできませんよね!?
ええ!!!
「頼れるものにはなんでも頼れ」精神の双子育児
かぼすだちも家事中の構ってアピールが激しく…
だっこおおお
ヒイイイイイ
だっこおおおお
一人だけなら抱っこ紐でおんぶでどうにかなるけど…
だっこおおおお
だっこおおおお
こんなんどうしろと…
そんなときは動画サイトのお世話になり
ちょっとの間だけね
この色なに色??
おーれんじ
ぴんく
みじゅいりょ
色の名前そんなに覚えたの!?すごい!!
意外な恩恵（?）を受けることも多々ありました

二人はだんだんチャンネルを変えろと主張するように
ベー
ベー
ベー
ベー
はいはい変えるね
べーってなんなんだ…
童話⁉
アニメ⁉
ダンス⁉
ピピ
ピ
フルフル
フルフル
ゴリゴリのHIPHOP
あ…これはパパがいつも聴いてるやつ…
ごめん変えるね
こりぇ‼
え⁉
コレ⁉
なぜかゴリゴリのHIPHOPを求めていたかぼすだち
YEAH〜!!!
HOooo...
←客席
ノリノリだ…
二人は徐々に動画の真似事もするようになっていき
空手のアニメ
ちゃー!!!
たー!!
めっちゃ足上げてるつもり
手足みじか…♡
わんちゃんの動画を観ているときは
ワン
ワン
ワン

ワン
ワン
ペロ
ペロ
ペロ
やめろって～
ワンワン
くるっ
ズイッ
すだちが犬化した
ワンワン!!
レロ～
ひいいい
ぞわぞわするぅぅぅ…
恐竜の動画を観たときは
ガォーー!!!
…
がおー!
かわいい恐竜だ♡
があおおお
がおおおお
ぐおおおお
こわーいいい
重低音がしっかりしている…!!!
妙にリアル…!!
歩き方まで

公園へ行ったときには
展望台
キャー♡
ハッ
じしんだ…！
え？揺れはなかったけどな
ん？
最近観た子供向けアニメ
グラグラ
ピシッ
わー!!
じしんだー!!
にげろー
まさか壁のヒビを見て地震と思った？
どーしょどーしょ！
は!!!
ぴぽぱ
オロオロ
大丈夫だよかぼす
きゅーきゅーしゃ!?
きたかー!?
りょかい!!
安全経路への誘導
こっち!!
すだちもか!!
なんて迅速な避難対応…！
素晴らしい…!!
でも危ないからゆっくり降りてー
ダダダダダ
動画から日々いろんなことを吸収するかぼすだちなのでした

ダンス

ター タッタッ
タッタッタ ター♪
夫はよくかぼすだちをダンスさせている
ほのぼの…
ハーンズ
アップ♪
いつもやるそのダンス元ネタはなんなの？
おかあさんといっしょ？ もしかしてオリジナル？
三代目J SOUL BROTHERSだよ
えっ
予想外すぎて言葉を失った

ヒューマンビートボックス

なぜかヒューマンビートボックスの世界大会を観ていた夫
YouTubeで
一緒に観るかぼすだち
小さいライブ会場の最前列みたいだな…！
ベビーサークル
ワアアアアア
熱狂する観客
気に入ってる…？
2人もノってる…!!
無表情で…!!

音量

キャッ
キャッ
ストンッ
ピッ
グーン
びっくりして抱き合っていた2人
ごめんごめん!!

動画撮影

あかちゃん
しゃしんとってー
いいよー:)
人形
自分でタオル巻いた
ん…? 動画の方が良さそうか
さす… さす…
コク… コク…
カクン
ハッ
ハァ…
とりぇたー?
かぼす乳児育てたことあったっけ?
なぜかかぼす演じる「子育て中の寝不足ママ」の動画を撮らせられた

双子の見分け方

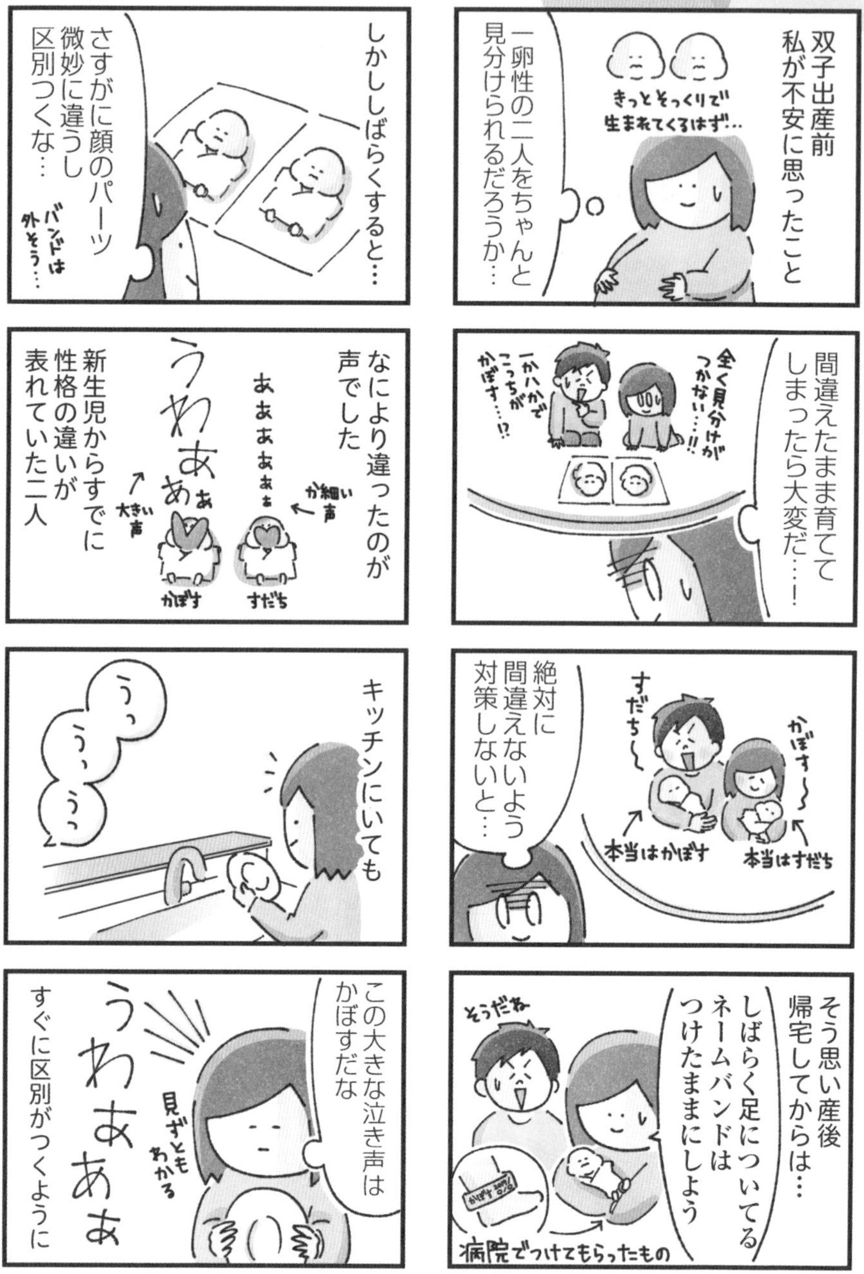
双子出産前
私が不安に思ったこと
きっとそっくりで生まれてくるはず…
一卵性の二人をちゃんと見分けられるだろうか…
間違えたまま育ててしまったら大変だ…！
全く見分けがつかない…!!
一かハかでこっちがかぼす…!?
絶対に間違えないよう対策しないと…
すだち〜
かぼす〜
本当はかぼす
本当はすだち
そう思い産後帰宅してからは…
しばらく足についてるネームバンドはつけたままにしよう
そうだね
病院でつけてもらったもの
しかししばらくすると…
さすがに顔のパーツ微妙に違うし区別つくな…
バンドは外そう…
なにより違ったのが声でした
あああああぁ
か細い声
うわああぁ
大きい声
かぼす
すだち
新生児からすでに性格の違いが表れていた二人
キッチンにいても
うっうっうっ
この大きな泣き声はかぼすだな
見ずともわかる
うわあああ
すぐに区別がつくように

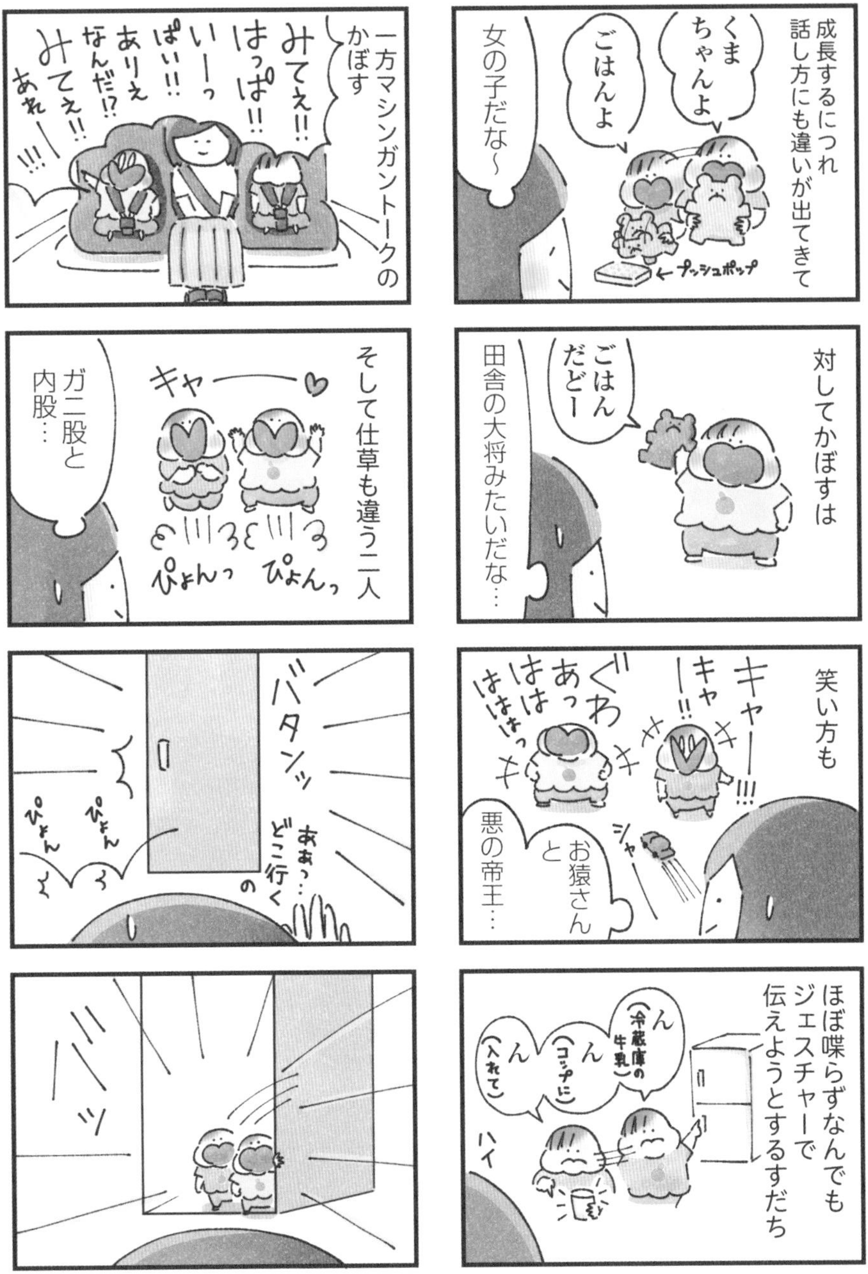
成長するにつれ話し方にも違いが出てきて
くまちゃんよ
ごはんよ
プッシュポップ
女の子だな～
対してかぼすは
ごはんだどー
田舎の大将みたいだな…
笑い方も
キャー!!!
キャ!!
キャ キャ キャ
ぐわあっはははははっ
シャ
お猿さんと
悪の帝王…
ほぼ喋らずなんでもジェスチャーで伝えようとするすだち
ん（冷蔵庫の牛乳）
ん（コップに）
ん（入れて）
ハイ
一方マシンガントークのかぼす
みてえ!!
はっぱ!!
いーっぱい!!
ありえなんだ!?
みてえ!!
あれー!!!
そして仕草も違う二人
キャー♡
ぴょんっ ぴょんっ
ガニ股と内股…
バタンッ
ぴょん ぴょん
ああっ…どこ行くの
バッ

しゅぱーまん!!
なにかのヒーロー→
さかなよ
さ さかな…?
世界観が違いすぎる…
同じもの見て育ってるのに面白いなぁ…
同じ絵本
同じ番組
しゅぱまん!!!
さかなよー!!
そんなこんなでそれぞれ違いの出てきたかぼすだちですが
似てるって言ってもやっぱ二人とも全然顔違うなー
ん?
←アルバム
これってかぼす? すだち?
うーん…
え!?
後ろ姿は難しい…
服も全く一緒だし…
この日かぼすのが結び目の位置高かったから
こっちがかぼす…かな?
うーん…
もはや間違い探し
やばいな…ちゃんと区別つくようにしないと…

結婚式のムービー作るとき困るじゃん?
気が早い…!!
なにしゅてるのー
今アルバム見てたんだよ
ほら!これ小さい頃のかぼすだよー
自分だってわかる?
今抱っこしてるのすだちだよ
!
本当だすだちじゃん!
あたしよ
かぼしゅここー
気を抜くといまだに間違えることもしばしば
ごめんなすだち…!!
かぼしゅここー
こりぇ!あたし!
みて!!
んん!?
それすだちじゃなくてかぼすだよ
えっ それかぼす?
この血管浮き出てるのはかぼすでしょ
あ本当だ
?
?
今日もカオスな柑橘家なのでした

ケンカするほど仲が良い

2歳頃からケンカが多くなったかぼすだち
ちょーらい
!
バッ
原因は大体すだちの持ってるものがすぐ欲しくなるかぼすで
♪ ♪
普段は大人しいすだちが爆発する
にゃにゃにゃにゃにゃいのー!!!!
コワ…すだちのこと絶対敵にまわしたくない…
そして怒られたかぼすは…
…
とぼとぼ…
なんてわかりやすいいじけ方…

つーん
ハア…
かぼすも反省してるから
二人で順番こで
仲良く遊ぼうね
許してあげてー
その後も…
さー
公園着いたよ
ぐいぐいっ
かぼすも急におもちゃ
とるから すだちも
びっくりしたんだよ
ちゃんと「貸して」
って言おうね
あたちの!!
ぐいっ
ぶわっ
おぁあああぁ
!!
あたちのー!!!!
ぎゅむ
ぎゅむ
ぐい
ぐい
あ〜〜
もうやめてやめて〜〜!!
つーん
わー!!!!
双子のケンカの
仲裁って難しい…
私自身は一人っ子で
ケンカと無縁で
育ったしなぁ
半分ずっ
仲良く
使ってー!!!
ギャー!!
ぐい
ぐい

ねぇねぇ
なんて心優しい少女…！
お花あげる
花びら2枚
あんな風に優しい心を持った子に育つんだよかぼすだち…！
ぽわ
と言ったそばから
コテン
バイバイ
ありがとう…!!
いたいいたい!!
再びケンカ

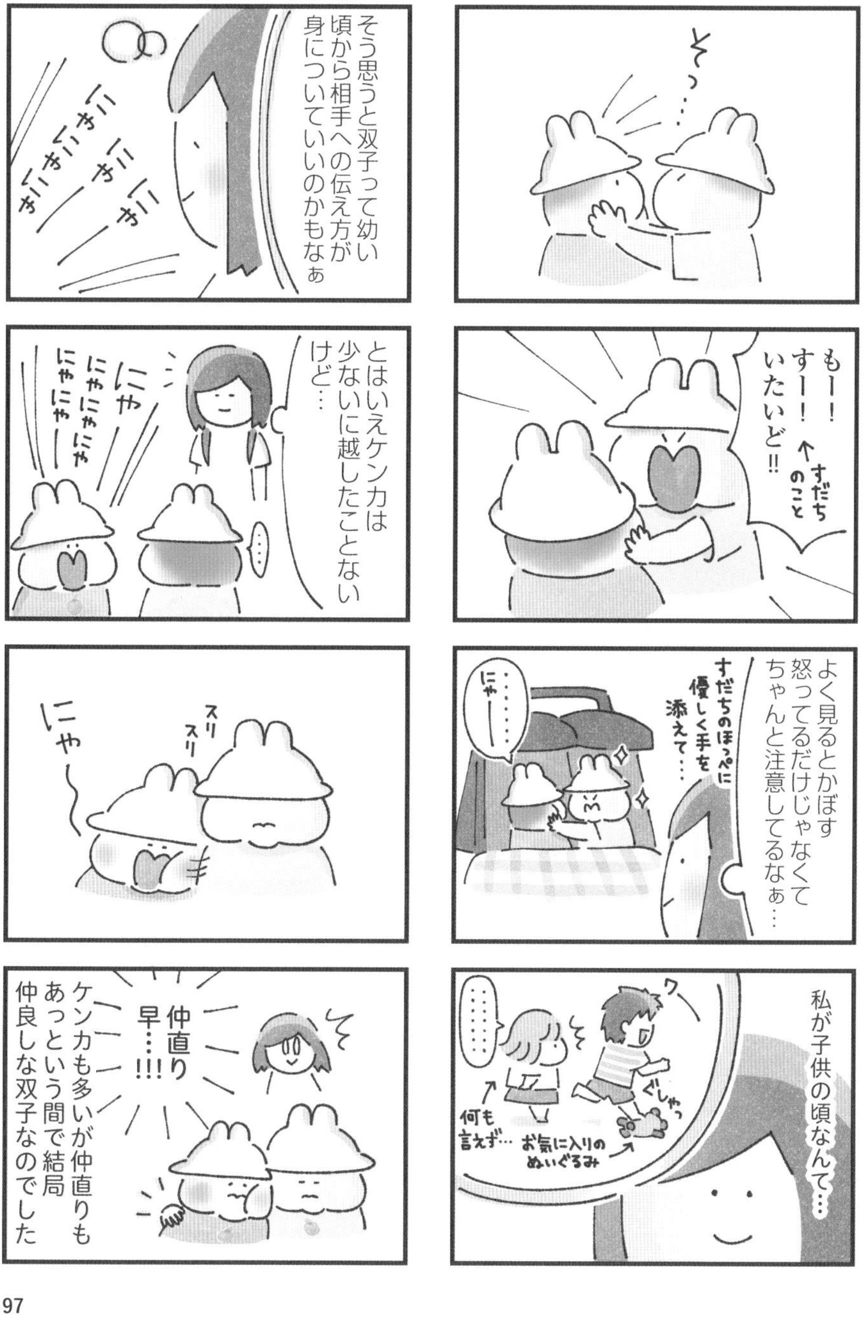
そー…
もーー！
すーー！
いたいど!!
↑すだちのこと
よく見るとかぼす怒ってるだけじゃなくてちゃんと注意してるなぁ…
すだちのほっぺに優しく手を添えて…
……にゃーー
私が子供の頃なんて…
ワー
ぐしゃっ
……
何も言えず…
お気に入りのぬいぐるみ
そう思うと双子って幼い頃から相手への伝え方が身についていいのかもなぁ
とはいえケンカは少ないに越したことないけど…
にゃ
にゃにゃにゃにゃ
にゃにゃー
…
スリスリ
にゃ〜
仲直り早…!!!
ケンカも多いが仲直りもあっという間で結局仲良しな双子なのでした

かぼすだち、まさかの入院！

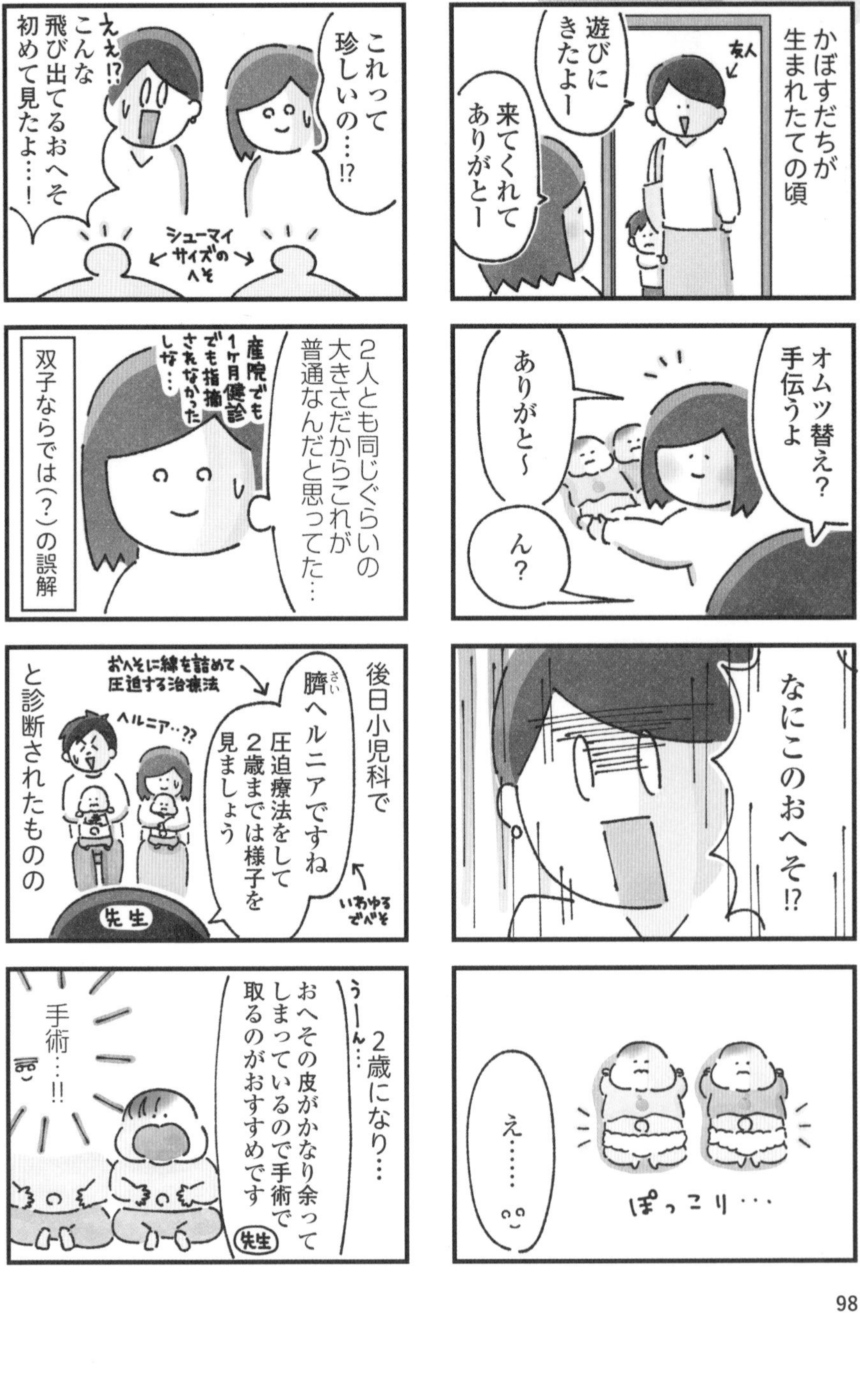
かぼすだちが生まれたての頃
友人
遊びにきたよー
来てくれてありがとー
オムツ替え?手伝うよ
ありがと〜
ん?
なにこのおへそ⁉
え……
ぽっこり・・・
これって珍しいの…⁉
ええ⁉こんな飛び出てるおへそ初めて見たよ…!
シューマイサイズのへそ
2人とも同じぐらいの大きさだからこれが普通なんだと思ってた…
産院でも1ケ月健診でも指摘されなかったしな…
双子ならでは(?)の誤解
後日小児科で
臍《さい》ヘルニアですね 圧迫療法をして2歳までは様子を見ましょう
おへそに綿を詰めて圧迫する治療法
いわゆるでべそ
ヘルニア…??
先生
と診断されたものの
2歳になり…
うーん…
おへその皮がかなり余ってしまっているので手術で取るのがおすすめです
先生
手術…!!

でもかぼすだち
でべそをすごい気に入って
そうなんだよな…
どうしよう…
へそ〜
へそ〜
いやいや
でも二人が
大きくなったときに
なんて
言われ
かねない
ええ!? でべそって手術できたの!?
プールや温泉ではずかしいからもっと早く手術したかったー!!!
二人とも
でべそ取りたい？
へそ
とるー
とる
軽いな…
結局手術を
お願いすることに
後日2泊3日で
入院になります
お母様も付き添っていただいて
先生
入院!!
はは い！
そして入院当日
こちらになります
はい！
あれ？ ここは…
プレイルーム
コロナ禍なので
プレイルームは
使用禁止で…
院内のコンビニや
屋外に出るのも
禁止になります
コンビニはOKです
お母様お一人でなら
なかなかの
ハードモード…!!
自由に過ごせるスペースは
3人で1台のベッドと
このシングルベッド
より狭いベッドで…

同じフロアの自販機前までなら出歩いて大丈夫です！
これはなかなか大変なことになりそうだ…!!
自販機と丸テーブルがあるだけ
大部屋だから他にも患者さんいるけど静かに過ごしてるなぁ
……
見習わなくては
キャー!!!
めちゃうるさ…!!
静かにー!!!
ベッドの柵にテンションが上がる二人
ちょっと自販機まで歩こうか…
キャー!!!
バタ
バタ
静かにー!!
やばい…この二人このフロアで圧倒的にうるさい…なんとかしなくては
キャー!!!
ぐる ぐる
ぐる ぐる
その後試行錯誤して
タブレットで動画を観せたり
消音
なんとか静かに
持参したシールブックであそんだり
貼りすぎじゃない…？
し〜る〜
ペタ
ペタ
身体中にシールを貼りたい二人
消灯時間になり
全然寝付かない人
狭い…
この並びじゃないとおさまりきらない

そして翌日には手術をし
一人ずつ順番に手術室へ
ギャーー
ガラガラ
ごめんねすだち…
すー(すだち)
はー??
数時間後
超かっこいいおへそにしましたよ!
ありがとうございます…!!
超かっこいいおへそとは…???
担当の先生
娘さん戻りましたよー
ガラガラ
…ま…ま…
麻酔明けで意識朦朧
なにやらいろいろ繋がれている
ああっ…
こんな思いさせてごめんね…!!
へそのために…!!
術後の姿を見て申し訳なさMAXになる母
しかし退院後は何回も自分のおへそを見ては
じっ
へそきれー
満足気で
超かっこいいおへそを手に入れ大人の階段を上ったかぼすだちでした
キレイだね…
へそふきふきするー
へそに磨きをかけるかぼす
そして双子との入院で生気を吸いとられた母でした

かぼすだち、一時保育へ

夫が仕事の平日
基本私がワンオペで双子育児をしています
普段はかぼすだちを公園へ連れていっているのですが
ああっ…別々の方行かないで…
タタタ
タタタ
真夏になると公園へ行くのも困難になり
35度!?
今日は公園やめとこうか…
今日 35℃
海外ドラマ観たい 漫画描きたい…
かぼすはよ寝てくれ…
zz
みてこりぇみてー!!!
ギン
ギン
ワンオペしんどいなぁ
ハァ…
たまには息抜きしたい…
いよかんさん!
こんにちは ご近所さん
こんにちはー お散歩帰りですか?
いえ 一時保育帰りで
今は週1で預けてるんです
え!!
そんな毎週預けられるんですか!?
私の場合育休中のリフレッシュ目的なんで週1回までなんです
美容院行くとか気分転換したいからって理由で全然OKなんですよ
へー!!!

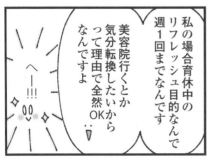

ちょっと詳しく教えていただいてもいいですか⁉
もちろんです
その後早速保育園に連絡し面接へ
面接後
では翌々週から慣らし保育始めましょうか〜
そんなすぐいいんですか⁉
二人とも場所見知り激しいけど大丈夫かな…
初めて子育て支援センターへ行ったとき…
ギャ
びとっ
びとっ
30分程この状態
そうこうして訪れた慣らし保育初日
おはようございまーす
よろしくお願いします
ドキ
ドキ
まずは1時間半の慣らし保育で私も同行
まずは近くの公園へお散歩しましょう
はい…
とにかく私から離れないかぼすだち
ぎゅっ
大丈夫かこれ…
ワー
ワー
ワー
ぎゅっ
ぎゅっ
ザザザッ
双子ちゃんー？
そうそう双子なんだよー
なんで同じ格好なのー？
バッ
バッ

みんな双子ちゃん怖がってるでしょー
なんで――??
明日から大丈夫だろうか…
結局私から一切離れず終わった初日…
ギャー!!!
慣らし保育2日目
泣き止まなかったらお電話しますのでお迎えお願いします
ギャ
はい
すいません…
速攻電話きそうだな…
ギャー!!!
やっぱり私がいないと心細いよね…
保育園
ガシャン
ごめんねかぼすだち…
保育園から徒歩1分の自宅へ帰宅したあとも
シーン
…
そわ
そわ…
かぼすだちの泣き声がまだ聞こえる気がする…
保育園
さすがに気のせい→
ガラッ
そわ
そわ
罪悪感で全然休まらない…!!
私の都合で二人にこんな想いをさせて…
ずっと泣いてるようだったら一時保育はもうあきらめよう…
その後お迎え時間になり…
～保育園
そわ
そわ
電話は来なかったものの二人でずっと固まってたんじゃなかろうか…

いよかんさん!!
先生…!
今日はもう…驚きましたよ…!!
え…
まさかなにかご迷惑を…!?
最初あんなに泣いてたのにママが帰ったあとすぐに二人で楽しそうに遊びだして
キャッ
ケロリ
キャッ
ええ!?
ご飯もしっかり完食してお昼寝も2時間ガッツリ寝ていました
慣れない環境なのにすごいですよ!!
ペロリ
適応能力すご!!
二人ともおかえりー
タタタ
ニコ
ニコ
私がいなきゃいないで案外うまくやってけるんだな…
帰宅後も二人はご機嫌で
キャーー!!!
ドタ
ドタ
これなら安心して一時保育に預けられるな
いやーよかった
子供ってこうやって親の手から離れていって
逞《たくま》しく成長していくものなんだなぁ…
キャー
嬉しくもあり寂しさもあり…なんだかちょっと涙が出そうになりました
二人ともがんばったね…
へへへ〜

そんなこんなで
今日は保育園の日だよー
はーい
一時保育にすっかり慣れてきたかぼすだち
コロナが落ち着いた時期の週一だけ預けてます
連絡帳何書こうかなー
キャッキャッ
二人とも最近お猿さんのポーズ真似してかわいいんだよな…
キャッ
キャッ
上手上手
「最近はお猿さんの真似がブームです」と
さーそろそろ行くよー
キャッ
キャッ
送り出すときは随分あっさりとなりました
かぼす
すだち
ちょこんっ
ばいばい
タタタ
すっかり慣れて…
二人を送り出したあとは束の間の一人時間
開放感…!!!
保育園
二人も保育園楽しんでると思うと私も心置きなく休めるな…
帰ってきた2人にもより優しい気持ちになれる…
ん?
買い出し行こ
さー
ワイワイ

ハッ
かぼすだちのクラスがお散歩してる…!!
ガラ
ガラ
ガラガラ乗ってるかわいい〜
目に焼きつけとこう…
じっ
ガラ
ガラ
さて
かぼすだちに見つかったら騒がれそうだから立ち去ろう
そそくさ…
いよちゃ〜
ん?
いよちゃ
ん?いよちゃんてだーれ?
いまさら振り返れず…
遠いのに後ろ姿でわかるんか…!!
さすが…!!!
キャ〜♡
迎えに来たよー
今日は二人ともそれぞれお友達と遊んでましたよ
へー!!!
そうですかー!
お友達…!!
すだちちゃん男の子にモテモテなんですよ!
バイバイすだっちゃん
すだちちゃんかえるの―?
かぼすも同じ顔なのに!?

かぼすちゃんはクラスの子全員「ぴーちゃん」て呼んでます…
ぴーちゃん! ぴーちゃん!
なぜか…♡
??
帰るよなっちゃーん ママ
なぜ…
そして帰りの時間はテンションが上がって全然靴を履こうとしない二人
キャ〜〜!!!
ぐる
ぐる
お願いだからいい加減靴はいて…
全然ベビーカーにも乗ってくれず…
危ないから待って!!!
キャ〜!!!
シュンッ
ハァ ようやく家着いた
2人分なので大荷物
徒歩1分の距離なのに帰るまで15分ぐらいかかります…
キャ〜〜!!!
ぐる
ぐる
でも二人とも一時保育楽しんでるようだし本当によかったなぁ
らーらー
らーらー…
歌も覚えてきた2人（歌えるのはワンフレーズのみ）
さて連絡帳のお返事なんて書いてあるかなー
らー らー
らー らー…
○/○(火)
保護者より 最近はお猿さんのまねをするのがブームです。
保育士より だから最近よくウホウホ言ってるんですね!!
え!? 保育園ではウホウホ言ってるの!?
うほっ うほっ
恥ずかし…!!
家では聞いたことないのに!?
一時保育によって子供の新たな一面が知れたのでした

掃除機

ジー
お掃除ロボ
ちょい
ヴォォォォ
ガコンッ
ガー
ワァァァ!?
今まで見たことない形相＆ハイハイの速さ
鬼の形相のかぼすにビビるすだち
ほらもう あいつは 帰っていく よー
ギャアアアアア
ギャアアアアア
ナニアレ こわい
あっちいけー
ススス…
すだちが折り畳み傘を床にあて歩き回っていた
ウロ ウロ
こっちをニコニコ見ながら…
ニコニコ
恐らくこれは…
掃除機をかけてくれてる!!
ガー
ハンディ掃除機
ジー
すだちお掃除ありがとう
お辞儀するときなぜか毎回このポーズ
ペコッ
そう言ったらとても深々お辞儀をしてくれた

お腹ぱんぱん

風呂上がり
前から思ってたけど…
ん？
かぼすのお腹ってパンパンだよね…
あぁ…お相撲さんみたいだよね
突然叩き始めた!?
どーした!?
お相撲さんだ!!
てか服着なさい…!!
ぱんっぱん
しかも喋った!!

紐おいしい？

チュッ チュッ チュッ
チュッ チュッ チュッ
チュッ チュッ チュッ
すだち紐おいしい？
チュ チュ… チュポンッ
じぇんじぇん（全然…）
え…そうなの…!?

居眠り

すだちがすごい体勢で眠りだした
ZZZ
てと!?
!?
トコトコ…
すーー!!! すーー!!!
さすさす
すーー!!! すーー!!!
↑すだちのこと
すーー!!!!
バンバン
むくっ
oo。
妹思いの姉だなぁ…
成長したなぁ…
いやはよ起こしてーや!!!

点呼

かぼすが朝起きてまずすることは
むくっ
Oo。
ZZ
すー!!
ビシ
すだちの点呼
車に乗ってまずすることも
すー!!
ビシ
すだちの点呼
歩いていてもふと後ろを向いて
すー!!
ぐるんっ
ビシ
すだちのことが常に気になるかぼす

お医者さんごっこ

ビジネス電話

こだまする声

もうすぐお家だからねー
あああ
あーーー!!!
あああああー
巨大マンション群中にすだちの声が響き渡っとる…!!
は 早く帰ろう!!

階段

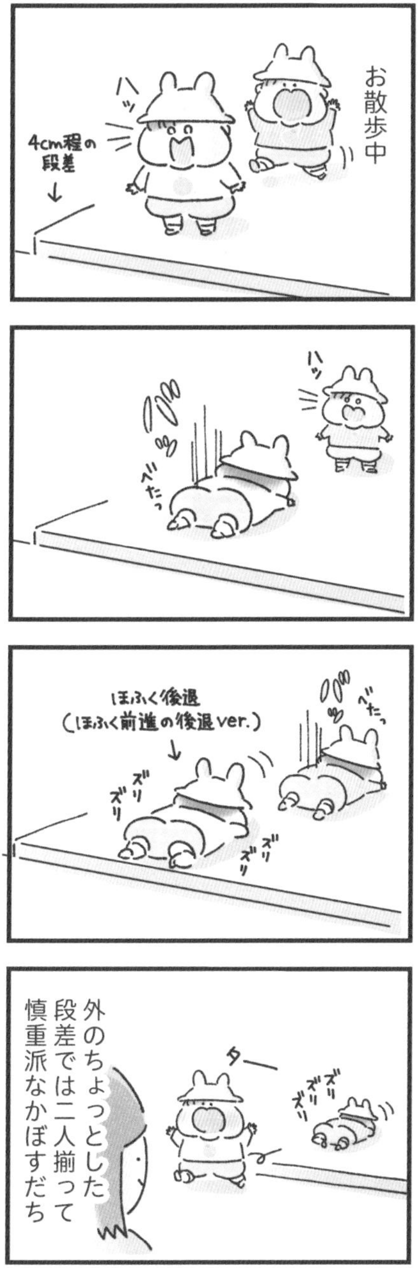
お散歩中
ハッ
4cm程の段差
ハッ
べたっ
ほふく後退
（ほふく前進の後退ver.）
べたっ
ズリズリ
ズリズリ
外のちょっとした段差では二人揃って慎重派なかぼすだち
ター
ズリズリ

シンクロ

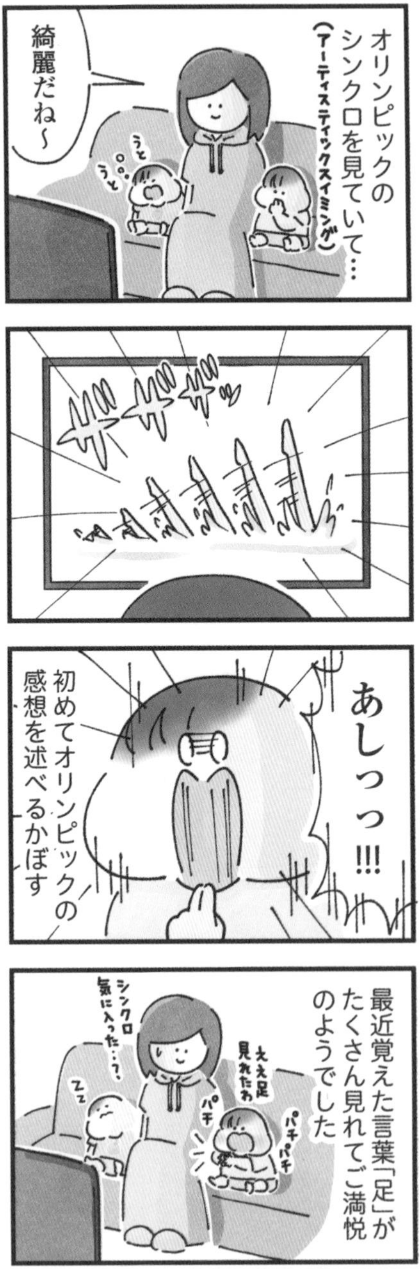
オリンピックのシンクロを見ていて…
(アーティスティックスイミング)
綺麗だね〜
うと うと
ザザザッ
あしっっっ!!!
初めてオリンピックの感想を述べるかぼす
最近覚えた言葉「足」がたくさん見れてご満悦のようでした
ええ足見れたわ
シンクロ気に入った…?
パチ パチ
Zz

テコンドー

最近がかぼすがよく使う掛け声
しゃり!!!
本人はこういうイメージなんだろうな…
テ・テ・テコンドー!!
しゃり!!!
別の日も…
ジョイントマットの端っこ
必殺技のようになっている謎の言葉「しゃり」…
しゃりっっ!!!
ぺしんっ

公園デビュー

1歳になり公園デビューしたかぼすだち
わー
ちょろ〜
わー
ちょろ〜
ハッ
なにコレ
あーん
石ころ食べちゃダメダメ
ダメなん…?
なにコレ
あーん
二手に分かれて落ちてる石を拾いまくって口に運ぶので大変でした…
なにコレー
石食べちゃダメ！ペってして!!
もごもご

カゴ

ベビー用品店に行ったとき
さーかぼすだちのお洋服見るぞー
2人ともグズるのでおろした
待って待ってかぼすだち——!!
手押し車
やー!!!!
コロコロコロコロー!!
はい元の位置に戻そうね
しぶしぶ…
はいごめんねー
追加のカゴ
ガシャン
残念だね…

いないいないばあ

俺がいないいないばあしたらかぼすも真似するんだけど…！
え⁉
すごい‼
ちょっと見て
いないいないなーい
バチーーン
目の形変形するぐらいの勢い
ばー
すしざんまい‼
しかもすだちは高速バージョン‼
何回でもやる
バチーン‼
めちゃ速い
ペチンパッ
ペチンパッ

チュー

かぼすはやたらチューが上手なのですが
アメリカ人の子か！ってぐらいうまい
わあ♡
CHU!
CHU!
CHU!
CHU!
かぼす…キス魔か…‼
ハーー満足やわ
すだちはやたらチューが下手で
ほっぺたに顔を近付けて「んぱっ!!!」と言うのを何回もやってくれる
んぱっ!!!
これはチューーっ？なのかな？
それはそれでかわいい♡

パパと双子

家でよく筋トレをしている夫
フン—
フン—
フン—
んんん〜
かぼすだちも筋トレ(?)している…!!
んんん〜〜
箸置き
イヤホン
重そうに持つ2人
かぼすだちが寝付いたあと夫が突然…
いよちゃんが描いてる漫画でさぁ…
漫画のこと言ってくるなんて珍しい…
俺の目開眼させてくれない?
意外なリクエスト…!!
夫にも思うところがあったらしい
いつか目開くときがくるかと思ったら全然開かないからさ…
そうかぁ…難しいなぁ どう描こう
こう… カッと描いてよ!
カッ
描かせていただきました

双子育児
ちょっぴり詰んでます!

第4章
「ようこそかぼすだち！妊娠＆出産編」

妊娠発覚

まだ私達がかぼすだちを授かる前のこと
そういえば知り合いの夫婦のところ双子が生まれたんだって
ええーー双子!?
かわいいだろうね 双子 大変だろうけど…
憧れるなー 双子 大変だろうけど…
そんな話をしていた数ヶ月後
念願の…
陽性!!!
妊活を始め一年が過ぎ初めて見る陽性マーク
その後妊娠検査を行うためレディースクリニックへ
○○レディースクリニック
我が家も双子だったりしたら面白いなー
まさかなー
受付
いよかんさん
はい
双子♡双子♡
ガタッ
それでは診てみますね
はい

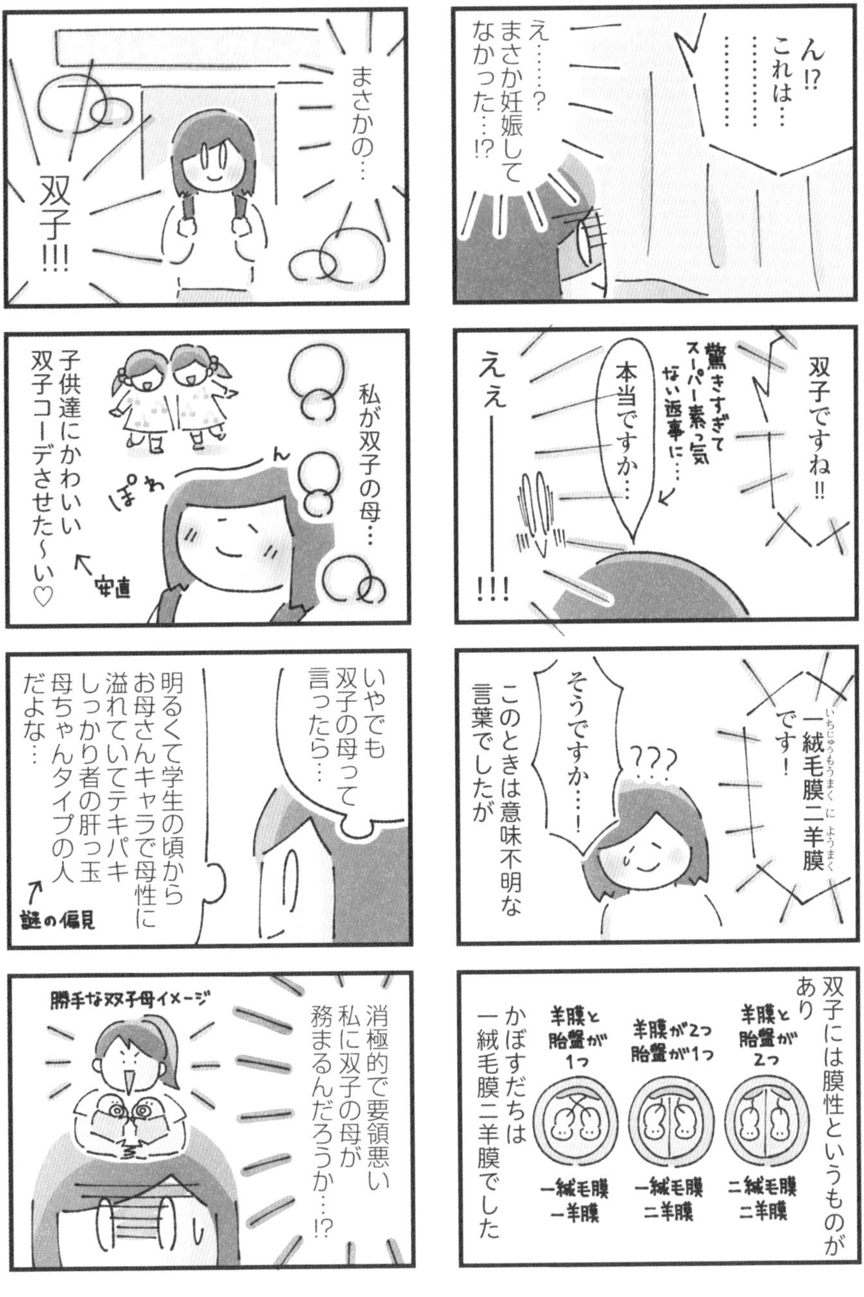
ん!? これは……
………
え……? まさか妊娠してなかった…!?
双子ですね!!
本当ですか…
驚きすぎてスーパー素っ気ない返事に…
ええ―――!!!
一絨毛膜《いちじゅうもうまく》二羊膜《にようまく》です!
???
そうですか…!
このときは意味不明な言葉でしたが
双子には膜性というものがあり
羊膜と胎盤が2つ
二絨毛膜
二羊膜
羊膜が2つ
胎盤が1つ
一絨毛膜
二羊膜
羊膜と胎盤が1つ
一絨毛膜
一羊膜
かぼすだちは一絨毛膜二羊膜でした
まさかの…
双子!!!
私が双子の母…
ぽわ――ん
子供達にかわいい双子コーデさせた～い♡
安直
いやでも双子の母って言ったら…
明るくて学生の頃からお母さんキャラで母性に溢れていてテキパキしっかり者の肝っ玉母ちゃんタイプの人だよな…
謎の偏見
消極的で要領悪い私に双子の母が務まるんだろうか…!?
勝手な双子母イメージ

ヘラッ
でもなにより双子妊娠嬉しい!!!!
帰宅後夫にも報告
双子だって
えええええ!?
ははは…
TV観てた
自然妊娠でお互い親族に双子いないのにこんなことあるんだね
ね
その後もことあるごとに
双子か〜♡
ヘラッ
とつぶやく夫に
朝目覚めるたび
バッ
双子か〜♡
ヘラッ
双子妊娠を噛み締める私
浮かれ〜〜
双子‥‥♡
双子‥‥♡
かくして私は双子妊婦となるのでした

つわり編

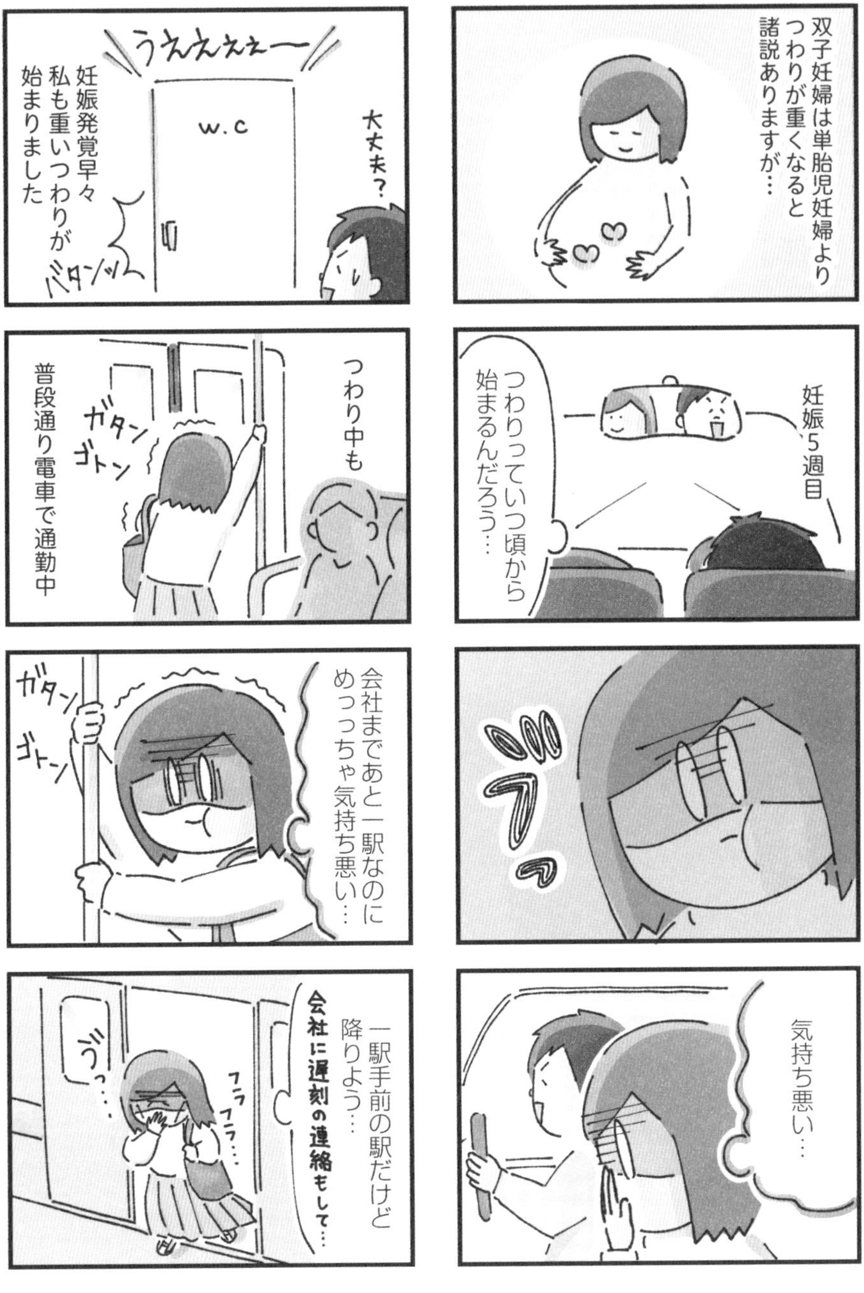

双子妊婦は単胎児妊婦より
つわりが重くなると
諸説ありますが…
妊娠5週目
つわりっていつ頃から
始まるんだろう…
ジワァ
気持ち悪い…
うえええええ—
大丈夫？
妊娠発覚早々
私も重いつわりが
始まりました
バタンッ
つわり中も
普段通り電車で通勤中
ガタン
ゴトン
会社まであと一駅なのに
めっっちゃ気持ち悪い…
ガタン
ゴトン
一駅手前の駅だけど
降りよう…
会社に遅刻の連絡もして…
うっ…
フラフラ…

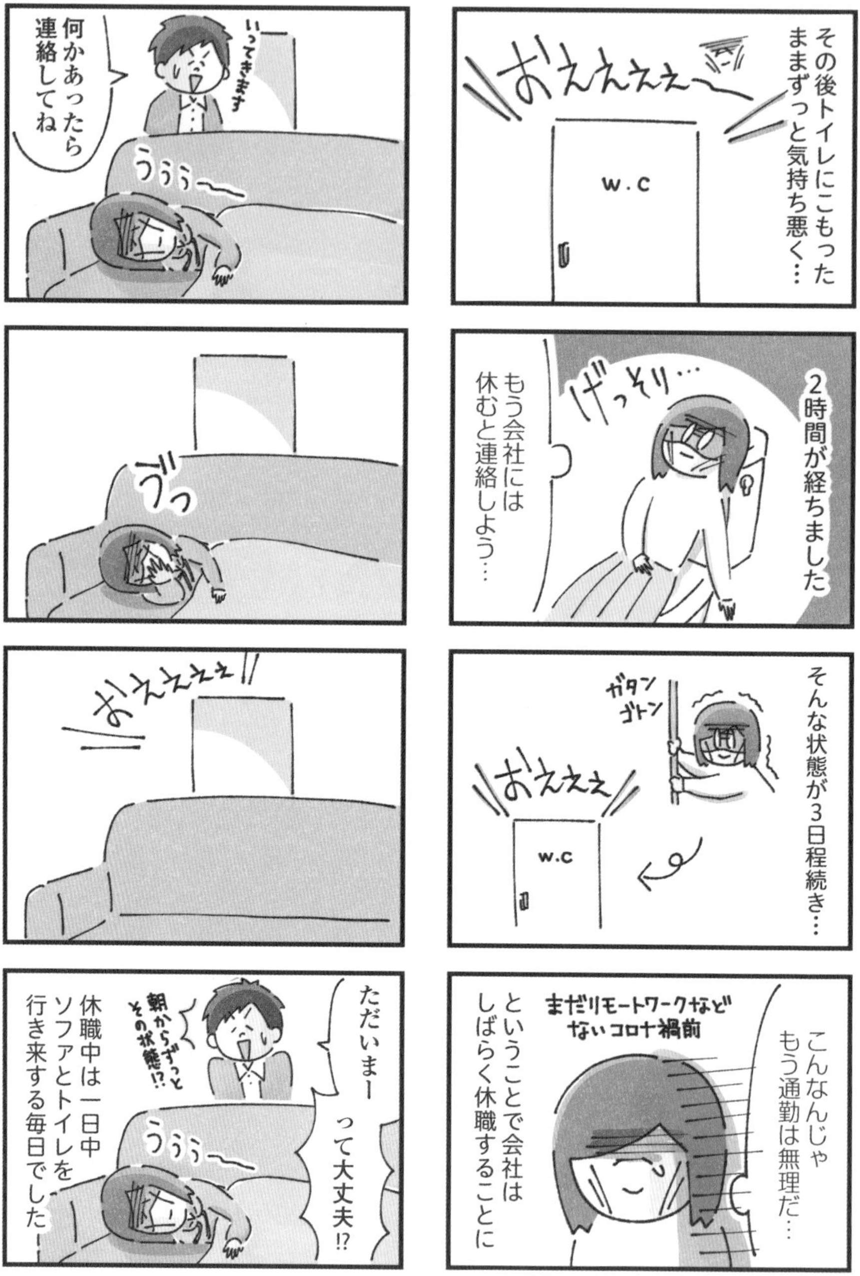
その後トイレにこもったままずっと気持ち悪く…
おえええぇ〜
W.C
2時間が経ちました
げっそり…
もう会社には休むと連絡しよう…
そんな状態が3日程続き…
ガタンゴトン
おえええ
W.C
こんなんじゃもう通勤は無理だ…
まだリモートワークなどないコロナ禍前
ということで会社はしばらく休職することに
いってきます
何かあったら連絡してね
ぅぅぅ〜〜
ブっ
おえええぇ
ただいまー って大丈夫!?
朝からずっとその状態!?
ぅぅぅ〜〜
休職中は一日中ソファとトイレを行き来する毎日でした

そんな日々を過ごす中…
むくっ
あ 今ちょっと体調マシかも…
さ～おでんだー♡
帰宅後一回吐いた
いただきまーす
…
なんだか…
パクッ
無性にコンビニのおでんが食べたい!!!
食べづわり
もぐもぐ…
………… ん?
久々に徒歩1分の距離のコンビニへ
24
おでん おでん…
フラフラ…
うっ
!?
ものすっっごく不味い……

想像してなかった味がする…
なんだこの味…
うっ…
つわり中は味覚が変わりどんな味に感じるか自分でもわからず
サンドウィッチ食べたいけど
どんな味がするか…
おそるおそる
気持ち悪い中食べたいものも食べられないなんて…
いつか本当に終わりが来るんだろうか…
と散々なつわり期間でしたが
2ヶ月が経ち…
懲りずに再挑戦した
お？
おでんの味が戻ってきた…？
そういえば今日はまだ一回も吐いてない…！
一日1回〜4回は吐いてた
好きなものが自由に食べられるって素晴らしい!!
2ヶ月半が経ち完全につわりは治りました
つわり期間で体重は5キロ近く落ち
いよちゃんガリガリじゃない!?
ひょろ〜
復帰した職場で
細!!!
細!!!
妊婦なのに妊娠前よりスリムになりちょっぴり周りをざわつかせた

双子妊娠初期
担当の先生から言われて
衝撃だった言葉が…
双子妊婦には
安定期がありません
え!!
そうなんですか…
多胎児の妊娠はそもそも
リスクが高いので
安定期という概念が
ないんです
妊娠5ヶ月を過ぎての
旅行や遠出は
なにか起きたとき困るので
控えてくださいね
ガーン
遠出も
ダメなのか…
それから一絨毛膜
二羊膜双胎は双子の一人が
お腹の中で消えてしまう
バニシングツインという
リスクもあって
診察室
…
バタン
この子達本当に無事
生まれてきてくれる
だろうか…
先生からのリスク説明に
ちょっぴり不安を覚えた
帰り道
夜
そういえば
今週末辺り
ベビーグッズ
買いに行く？

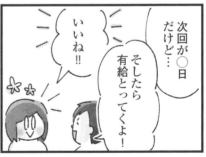

いやぁ…
まだ無事確実に
生まれてくるかも
わからないしなぁ…
え!?
どうしたの
急に!?
今日病院で
双子妊娠のリスクを
色々説明されて…
はー…
リスクがたくさん
あるんだね…
今度妊婦健診
ついてこーかな
え
本当?
次回が○日
だけど…
いいね!!
そしたら
有給とってくよ!
こうして夫初同行の
妊婦健診
よろしく
お願いします
それじゃあ今回は
4Dエコーで
撮りましょうか!
普段は3Dエコー
お願いします!
診てみましょうね~
……………
……………
ん!?
え!?

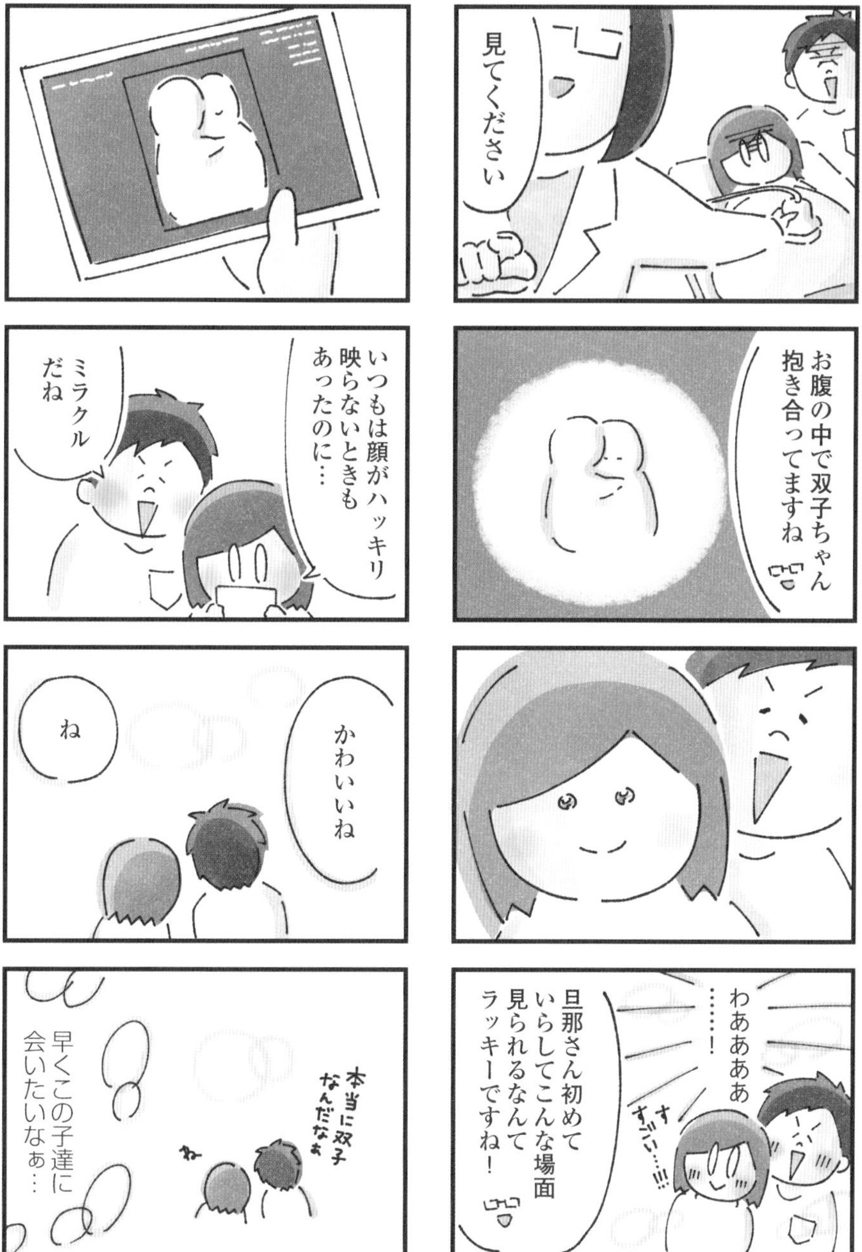
見てください
お腹の中で双子ちゃん抱き合ってますね
いつもは顔がハッキリ映らないときもあったのに…
ミラクルだね
かわいいね
ね
わあああぁ……！
旦那さん初めていらしてこんな場面見られるなんてラッキーですね！
す すごい…!!!
本当に双子なんだなぁ
ね
早くこの子達に会いたいなぁ…

妊娠後期

双子妊婦は安静にするため出産2～3ヶ月前からずっと管理入院
なんて場合がよくあります
出産予定日3ヶ月前
いつ入院になっても困らないよう入院バッグ用意した！
早!!
ああ!!! でも入院嫌だ!!
ギリッギリまで家で過ごしたい！
自宅LOVE!!!
わあぁぁん
私も心配していたのですが
私の場合
いよかんさんびっくりするぐらい安定してますね
なかなかここまで安定してる人も珍しいです
そ そうなんですか…
と言われ
出産予定日1ヶ月前
産後はなかなか映画観に行けないから映画観たい
いいよ
なに観たい？
うーーん
流行ってるし『ジョーカー』とか？
めちゃくちゃダークな内容だった
おおお
重い…
あまり内容知らず観にきた夫婦

帰り道
出産前最後の映画が『ジョーカー』…
まだ入院にならなさそうなら今度違う映画観に行く？
結局翌週アナ雪2を観た
これぞ出産前に相応しい映画…!!
なぜかこのときすごかった胎動
産後はなかなか外食行けないだろうからステーキ食べに行きたい…！
最後の思い出に…!!!
いいよ！行こう！
おいしー♡
また外食行けるのなんて数年後になるかもしれない…
もぐ… もぐ…
一口一口をしっかり噛み締めよう…
夫と二人きりのドライブもこれで最後かも…
おいしかったなー
翌週
いよちゃんいつから入院になるの？
まだ大丈夫みたい…
せっかくだから外食に…！
最後の思い出…!!!!
おぅお

おいしーー♡
なかなか入院にならないので無駄に豪遊生活を送る私
その間私のお腹はというと
バーーン
まんまる巨大になり
仰向けでは苦しすぎて横向きでないと寝られなくなる
くっ…
ずしっ…
苦しい…!!!
産前最後の美容院のシャンプーは冷や汗ものでした
気持ち悪いところはないですか？
ずしっ…
大丈夫です…
お腹に押し潰される…!!!
でも最後だから…!!!
そしてお腹の中では
ぐにょぐにょ
ぐにょぐにょ
あっちゃこっちゃぐにょぐにょ動く！
すすごい…!!
動きが盛んに
下にいる子がお姉ちゃんで上にいる子が妹だ
出てくる位置的に
エイリアンみたいだ…
大きくなったお腹と共におへそもどんどんでべそになっていき
妊婦ってでべそになるのか…！
知らなかった…
猫ちゃんのお顔のようなおべそになった!!
バーーン
出産まであと少し!!

入院編

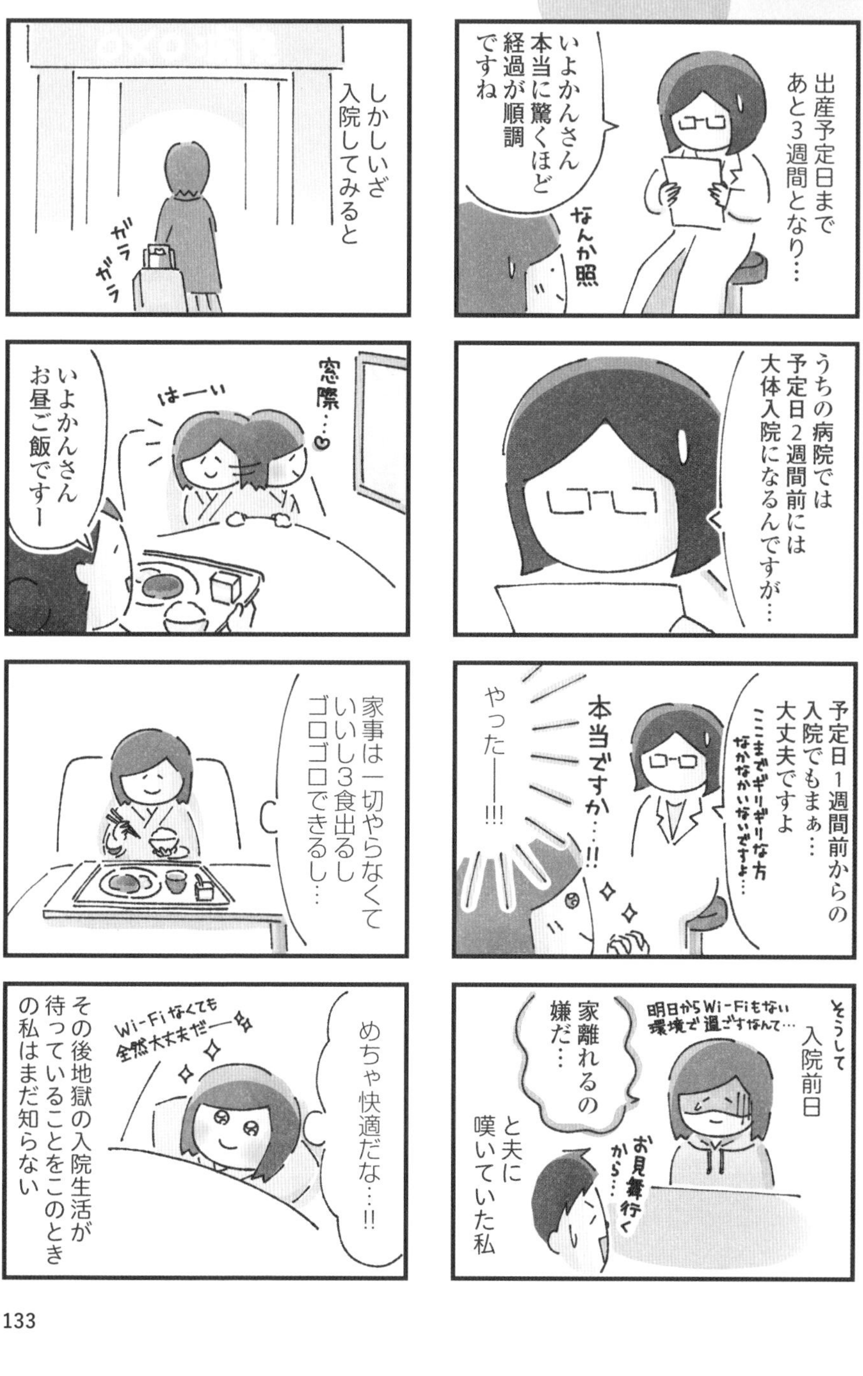

出産予定日まで あと3週間となり…
いよかんさん 本当に驚くほど 経過が順調 ですね
なんか照
うちの病院では 予定日2週間前には 大体入院になるんですが…
予定日1週間前からの 入院でもまぁ… 大丈夫ですよ
ここまでギリギリな方 なかなかいないですよ…
本当ですか…!!
やった——!!!
そうして 入院前日
明日からWi-Fiもない 環境で過ごすなんて…
家離れるの 嫌だ…
と夫に 嘆いていた私
お見舞行くから…
しかしいざ 入院してみると
ガラガラ
窓際…♡
はーい
いよかんさん お昼ご飯ですー
家事は一切やらなくて いいし3食出るし ゴロゴロできるし…
めちゃ快適だな…!!
Wi-Fiなくても 全然大丈夫だ——
その後地獄の入院生活が 待っていることをこのとき の私はまだ知らない

出産編

そんなこんなでいよいよ帝王切開当日
それではいよかんさんこちらへ
ドキ ドキ
はい
カメラ2台体制の夫
スタ スタ
スタ スタ
手術室
じゃ！産んでくる！
頑張って！
パシャ パシャ
スタ スタ
普通に自分で歩いて手術室入ってくのか
ストレッチャーや車イスとかでなく…
おおおお…!!!
ドラマで見るような手術室…!!
緊張してきた…
こちらで横になってお待ちください
はい
ドキドキ ドキドキ ドキドキ
ドキドキ ドキドキ ドキドキ
……
曲がかかってる…
これは…
中島美嘉!!!

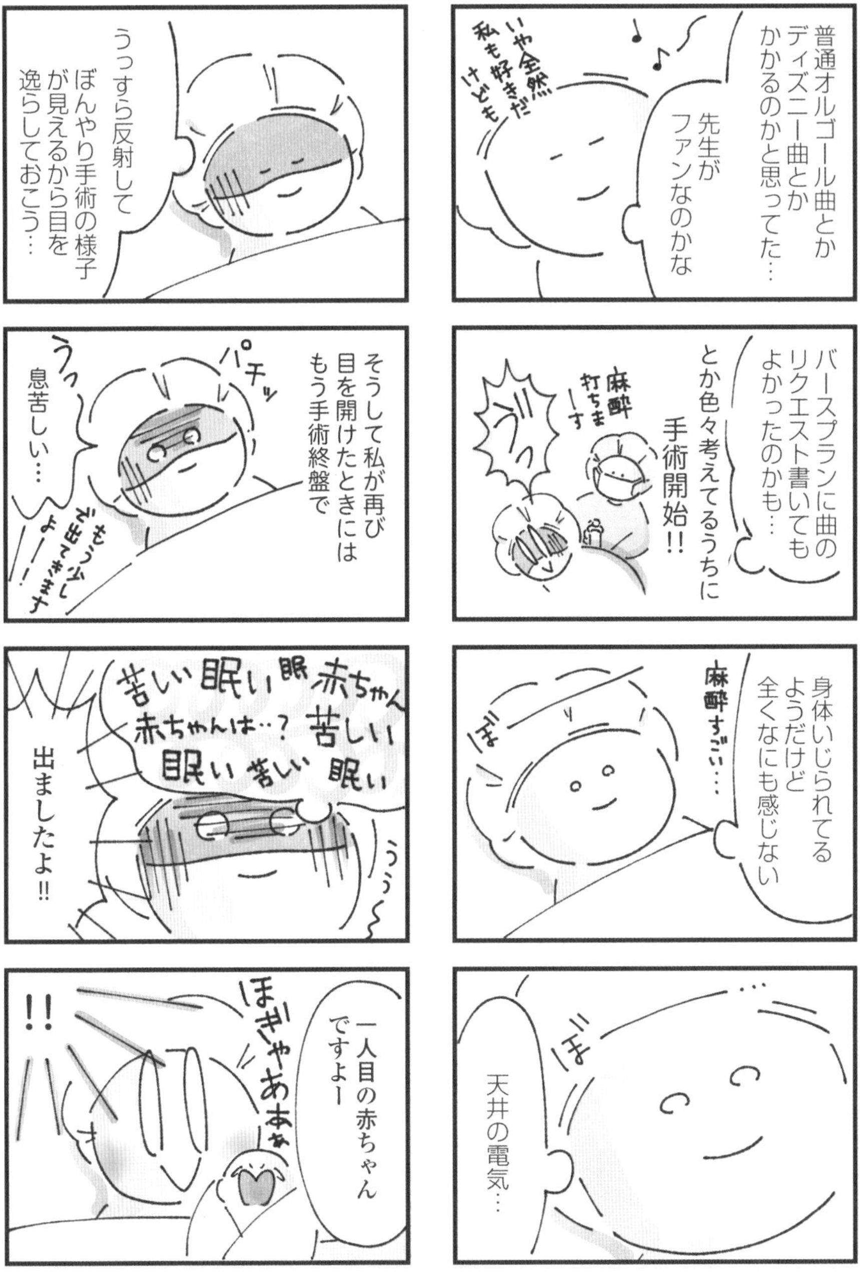
普通オルゴール曲とか
ディズニー曲とか
かかるのかと思ってた…
先生がファンなのかな
いや全然
私も好きだけども
バースプランに曲のリクエスト書いてもよかったのかも…
とか色々考えてるうちに
手術開始!!
麻酔打ちまーす
うっ
身体いじられてるようだけど全くなにも感じない
麻酔すごい…
ぼ
ぼ
…
天井の電気…
うっすら反射して
ぼんやり手術の様子が見えるから目を逸らしておこう…
そうして私が再び目を開けたときにはもう手術終盤で
パチッ
うっ
息苦しい…
もう少しで出てきますよーー!
苦しい 眠い 眠 赤ちゃん
赤ちゃんは…? 苦しい
眠い 苦しい 眠い
出ましたよ!!
ううう
一人目の赤ちゃんですよー
ほぎゃあああ
!!

わぁ…
本物の赤ちゃん…
かわいい…
ほぎゃあああぁ
二人目の赤ちゃんも生まれましたよー!
ほぎゃあぁ
同じ顔…!!
かわいい♡
赤ちゃんは保育室に移動しますねー
ほぎゃあぁ
よかった…
無事に
生まれてきてくれた……
パチッ
いよちゃん!!!
お疲れ様!! 本当──にお疲れ様!!
赤ちゃん達の顔は見れた?
生まれた直後の一瞬だけ…
動画少し撮れたよ! これは長女のかぼすで
ほぎゃあぁ
元気いっぱいだなぁ
次女のすだち
……
大人しくてマイペースそう 双子でも全然性格違いそうだね!
かわいいね
ね
これからよろしくね
私達の一生の宝物

出産後

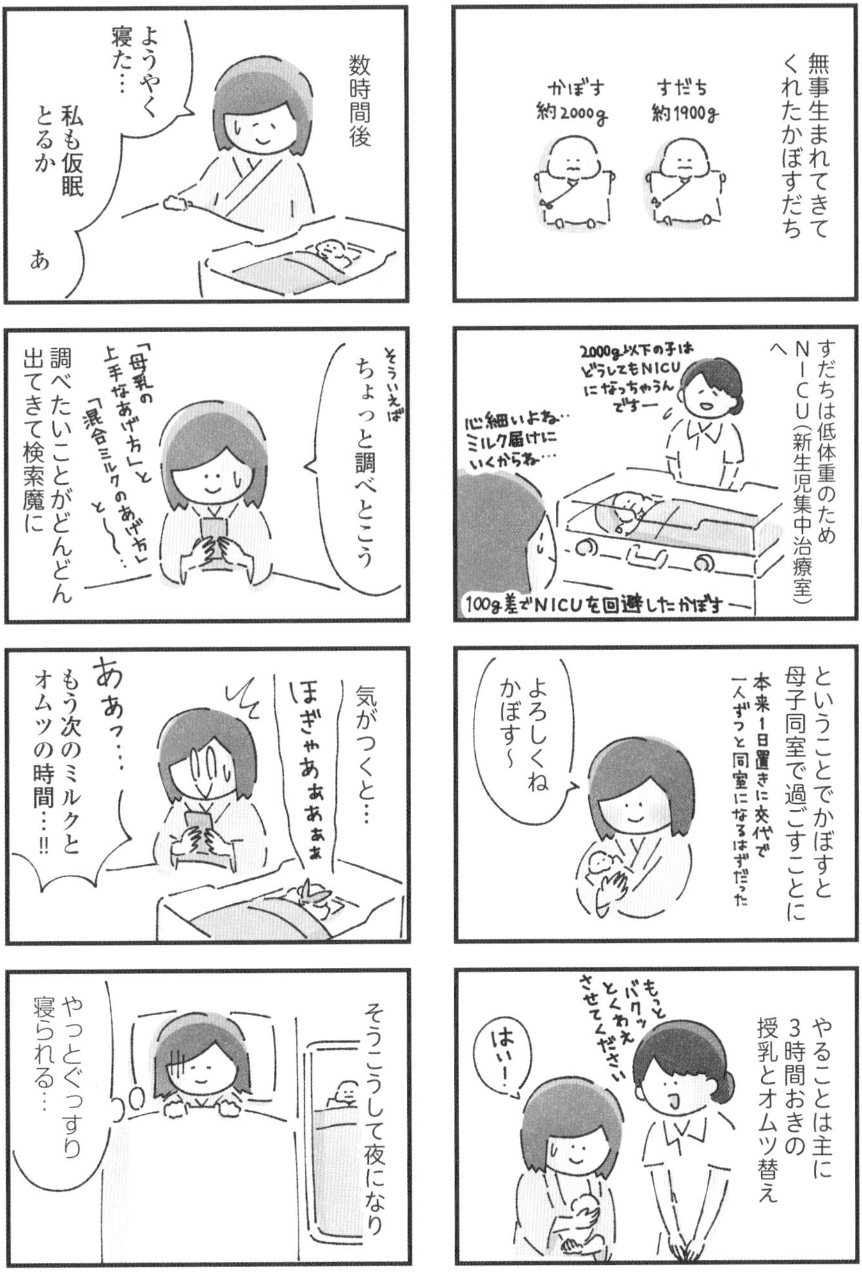

無事生まれてきてくれたかぼすだち
すだち
約1900g
かぼす
約2000g
すだちは低体重のためNICU（新生児集中治療室）へ
2000g以下の子はどうしてもNICUになっちゃうんです〜
心細いよね…ミルク届けにいくからね…
100g差でNICUを回避したかぼす
ということでかぼすと母子同室で過ごすことに
本来1日置きに交代で一人ずつと同室になるはずだった
よろしくねかぼす〜
やることは主に3時間おきの授乳とオムツ替え
もっとバクッとくわえさせてください
はい！
数時間後
ようやく寝た…
私も仮眠とるか
あ
そういえば
ちょっと調べとこう
「母乳の上手なあげ方」と「混合ミルクのあげ方」と〜…
調べたいことがどんどん出てきて検索魔に
気がつくと…
ほぎゃあああぁぁ
ああっ…
もう次のミルクとオムツの時間…!!
そうこうして夜になり
やっとぐっすり寝られる…

すや…
…さん
いよかんさん
?
むくっ…
3時のミルクあげましたか?
え…いやまだです…
そしたら今からあげましょうね
真夜中でも容赦なく叩き起こされるのか…
知らなかった…
無知
あぁ…せっかく寝てるけど…
ごめんね～ミルクの時間だよ～
ほぎゃあああ
ヒイッ…!!
ううう～…
あーぁー…
あああぁぁ
周りの子も起きちゃった
ほぎゃ
ほぎゃ
あああぁぁ
ヒイイイイ
ごめんなさいごめんなさい
大部屋のため他の子達も連鎖し大合唱となる地獄絵図に…

やっと寝ついた…
○○さんミルクあげましたかー?
あ…まだです…
ゴソゴソ
うぅぅ~~
大丈夫大丈夫よしよしよし…
ギャあああ
あああぁ
同室ママさん達連帯で共有する魔の深夜帯
翌日
今日からはNICUのすだちちゃんに搾乳したミルクを届けに行きましょうか!
リハビリがてら…
はい! 会いに行きたいです!
すだちに会える…!!
同じフロアの20m程の距離
NICU
NICUすぐ近くの部屋でよかった…
よっこい…
せっ
ガクッ
う!!
と思えたのも束の間
術後の傷口が痛すぎて全っ然歩けない…
うわあぁあ
100kg
100kg
こんなイメージ
すいません全然進まなくて…
よく歩けてる方ですよー
うおおおぉ…
(心の声)
これで!?
ヨタヨタ……

ぐああああ
ヨタ…
ヨタ…
ハア
ハア…
ヨタ…
ヨタ…
ヨタ…
イメージ
仲間が…
こんなにいる…!!
ズル…
ズル…
共に頑張りましょう…!!
うぅ…
ヨタ…
ヨタ…
ヨタ…
ヨタ…
すだち
ママだよ…!!
さびしい
思いさせて
ごめんね…!!!
そんな地獄の入院生活
1週間が過ぎ
退院日
いてててて…
自宅戻ってからも
大変だと思うけど
深夜の赤ちゃん大合唱
がなくなるだけでも
天国だ…
そういえばここ…
ハッ
富士山
見えたんだ…
富士山にも気づかないほど
目まぐるしかった
入院生活でした…

退院後は初めての双子育児に試行錯誤の日々
同時授乳試してみよう
うーんでもやっぱり一人は母乳一人はミルクで交代で飲ます…??
あ〜
眠たい…
そうこうして出産から数ヶ月後には…
NEWS
緊急事態宣言!!
ちょうど育休をとり始めていた夫…
どこにも行けないしどうせなら二人の成長記録を残しておこう
ちゅっちゅっちゅっちゅっ
頭を吸ってる
と思い立ち
育児の合間に漫画を描き
二人とも寝たから今のうちに♪
今までやったことのなかったブログやインスタを開設
???
SNSスーパー初心者
ちんぷんかんぷん
初めてのブログ開設
すごい…!!
そこから徐々に見てくださる方が増え
フォロワー100人
わー
ありがたいなぁ…
フォロワー1000人
え!?
めっちゃ増えた!? なぜ!?!?
動揺
多くの方に応援していただき
いいねやコメントがこんなに…
励みになるなぁ
コメント いつも楽しみにしてます!
今日も育児がんばろう
そこから漫画を連載させていただけることになり
えええ!?! 出版社の方からメールが!?
いやでもこれ偽物かもしれないしな
いやでも本物だったらすごく嬉しい…!!!
失礼ながら最初めちゃくちゃ疑った(笑)

ご縁がありコミックスを出させていただくことになった私
○日にコミックスの表紙の打ち合わせをしましょう！
担当さん
ほほほほほほほ本当にコミックスになるのかぁ
…!!
嬉しい…………!!!!
ひたすら描き下ろし作業をし
妊娠編と出産編を描くぞー!!!
新生児の頃のかぼすだちってどんなだったっけ？
二人の過去の写真をたくさん見返して
あ〜〜
この時期本当に大変だったな…
二人がどうにも泣きやまず放心状態で撮った動画
ギャアアァ
ギャアアァ
「とにかく二人生きてさえいてくれたらそれで百点!」と思ってがむしゃらに育児してたなぁ…
双子毎日お散歩連れてくのしんどすぎる…
もう天気いい日だけでいいや…
死にゃーしないし
キャー
全然着替えてくれない二人
料理はとにかく速攻作れるもの!!!
凝った料理じゃなくても死にゃーしない!!!
だーあっこおおお
もう子供向け動画に頼るしかない…!!
でも今見たら…
こんなぷにぷにの赤ちゃんが二人いるなんてめっちゃ可愛いよなぁ…
もうこの赤ちゃんの頃のかぼすだちには二度と会えないんだよなぁ…

放心状態の私を手伝いに行って二人を抱っこさせてもらいたいぐらい
手伝いにきました!!
ハッ
だっこー!!!
だっこー!!!
タタター
数年後の私もきっと……
だっこおぉ
むぐぐ…
うっちょっ…
ギュウ
ギュウ
だっこおおお
今の私を手伝いに行きたくなるかな?
ただいまー
ガチャ
おかえり
二人とも抱っこしたげよっか?
げぇ~
やめてよママー
かぼすあっちでゲームしよー
パタ
パタ
小さい頃はあんなに抱っこ抱っこって言ってたのになぁ…
きっと数年後の私も
2歳児の二人にもう一度会いたい…って寂しく思う日が来るんだろうな…
だっこおお
それなら今の一瞬一瞬を大切に大切に全力で受け止めよう
みんなでギューしようか!!
キャ
キャ
ぎゅー
そう思ったのでした

双子育児、
ちょっぴり詰んでます！

2023年3月1日　第1刷発行

［著者］　いよかん

［発行者］　山下直久
［デザイン］　ナルティス：新上ヒロシ
［校正］　麦秋アートセンター

［発行］　株式会社KADOKAWA
〒102-8177　東京都千代田区富士見2-13-3
電話　0570-002-301（ナビダイヤル）

［印刷・製本］図書印刷株式会社

ISBN978-4-04- 682291-8　C0077
Printed in Japan

●お問い合わせ
https://www.kadokawa.co.jp/（「お問い合わせ」へお進みください）
※内容によっては、お答えできない場合があります。
※サポートは日本国内のみとさせていただきます。
※Japanese text only